# 超勤・多忙化
# 解消につながる
# 労安活動のポイント

## 5つのケース・スタディーから学ぶ

労働安全衛生活動の先進事例編集委員会

アドバンテージサーバー

# はじめに

　この冊子は、教育現場の超勤・多忙化解消につながる労働安全衛生活動をすすめようとしている方々に読んでいただくことを目的として制作しました。活動の成果がなかなか見えない、これからどうやってとりくめばいいかわからないという方にとっても「ヒント」が見つかるよう工夫しました。

　さて、OECDがまとめた「教員環境の国際比較」(TALIS)13年版によると、日本の中学校教員の1週間当たりの仕事時間の合計は53.9時間、参加国平均の38.3時間を大きく上回り、その長時間労働ぶりは突出しています。その仕事と中身で特徴的なのは、放課後の部活動(日本7.7時間、参加国平均2.1時間)や一般的事務作業(日本5.5時間、参加国平均2.9時間)に使った時間が多いことです。教職員の精神疾患による病休者数は、10年前の1.4倍に増加し、この5年間ほぼ5000人前後で推移をしています。メンタルヘルスにおける強いストレス反応は「抑うつ感」、次いで「不安感」である、とされています。労働科学研究所が中心となって設けた「教職員の健康調査委員会」による調査(05年)では、「抑うつ感」については、男性教職員の場合、

標準値の1.8倍でした。「不安感」については、男性教職員では標準値の1.5倍、女性教職員も1.3倍となっています。

　このような教職員の長時間労働・多忙化、メンタル不調の実態が指摘され、その改善が急務であるにも関わらず、ますます現状は深刻化しています。このような現状に対して、過労死等防止対策推進法（14年11月施行）にもとづいて策定された過労死等の防止のための対策に関する大綱（15年7月閣議決定）では、過労死等が多く発生している職種の一つとして教職員があげられ、その防止のための対策を重点的に行う必要があることが指摘されています。今回、教職員が特出しされたのは、大綱を協議した過労死等防止対策推進協議において、教職員の長時間労働について、多くの委員から問題指摘が何度もあったからです。また、学校職場では、勤務時間管理が不十分であること、衛生委員会の設置などの安全衛生管理体制も、他の公務職場と比べて行き届いていない実態を改善すべきという意見が出されたからです。

　このような実態を招いたひとつの要因として、公立学校の教員には時間外労働に対する割増賃金の支払義務を定めた労基法第37条が適用されず、その代わりに、教職の専門的・自律的な職務と勤務の特殊性に応じ教職調整額を支給するという給特法の影響があることは否定できません。教職調整額の支給に伴い、教員には時間外勤務手当を支給しなくても時間外勤務命令を命じることができることになっています。ただ、そのことに

よって、教員に対する無定量な時間外勤務を課して教員の「正規の業務」に影響を与えたり、生活や健康を害することがないよう時間外勤務を命ずることのできる業務を法律、条例で厳しく限定しています。

具体的には、給特法第6条2項で、時間外勤務を命ずることができる事項について政令・条例で定める場合、「教育職員の健康と福祉を害することとならないよう勤務の実情について十分な配慮がなされなければならない」と明記し、教員には、無定量な時間外勤務は発生しないという建前になっています。

労基法第37条を適用除外した結果、任命権者である都道府県教委、服務監督権者である市町村教委、学校の管理者である校長等が時間外勤務管理をしなくてよいと誤解し、労働時間の制限に関する労基法第32条、使用者の労働時間管理義務と労働時間記録の保存義務に関する労基法第109条の規定が無視されやすい現状があります。教員以外の教職員は労基法第37条が適用されます。任命権者・服務監督権者・管理者ともども労基法の労働時間規程を無視しがちになることが、教員以外の教職員に対する勤務時間管理が不十分になってしまうという実態を生み出しているともいえます。

教職の専門的・自律的な職務と勤務の特殊性は、教員自らの働き方にも大きく影響しています。教職員は、自らの私的な時間を削り、子どものためにと、懸命に教育に専念する高い使命感と責任感を持っています。その使命感と責任感は、教職とい

う仕事が、自己の私的利害を超えて、何かしら人々の幸福に貢献し社会の改善に寄与する公共的使命の高い仕事だから生まれているのです。

　一方、「教育改革」、保護者からの要望などを受けて、学校は様々な課題解決を引き受けざる得ない現状が続いています。「教育改革」の具体化にあたっては、財政措置などの条件整備が必須ですが、その実行は教育現場と教職員の創意と工夫、がんばりにほとんど任せられているのが現状です。できなければ、創意と工夫、がんばりが足らないという批判が起こり、教育現場と教職員を追い詰める悪循環が続いています。教育の公共的使命を果たすには、心身とも危機的な状況に来ている教職員への支援が教育政策において、最優先される必要があります。

　教職員の調査委員会が行った提言では、教職員の職業性ストレスや過労状態についての実態をみると、安全衛生の視点から職務や職場環境の見直しと改善を図る必要があるとされています。当面、第1に、安全マインド、健康マインドをもった職場づくりにつとめること、第2に、多忙化対策と教職員の健康・安全対策は同じ文脈ですすめることが望ましいこと、第3に、労働安全マネジメントシステムの導入と実践にあたることが望まれるとしています。その上で、以下のような対策を講ずることを求めています。

◎労働安全衛生法に基づく安全衛生活動、たとえば、法の規

定にそくした安全衛生組織の確立と具体的な活動の実践に
　とりくむこと。
◎労働安全衛生活動は、法の規定などの形式上のクリアでは
　なく、実質的な活動が確保されることが重要である。実施
　責任者は学校管理者にあるが、教育委員会や労働組合との
　協議や協力に基づき、実施可能な方策を検討すべきである。
◎労働安全衛生活動の神髄は職場改善にある。職員室の整理
　整頓などの５Ｓ活動や休憩時間の確保、パソコンの使用環
　境の整備や適正な利用方法の確立などの職場改善によって
　健康や安全に関するリスク提言を図ることが重要である。
◎労働安全衛生マネジメントシステムを学校現場に導入・実
　践するための検討を早急に進める必要がある。

　提言から10年経過し、安全衛生委員会設置、産業医選任などは、かなり進んできましたし、労働安全衛生活動も活発になってきました。しかし、労働安全衛生活動の一環として、多忙化解消をはじめとした教職員の健康支援、働きやすい職場環境づくりを進めたとしても、それを上回るような仕事が教育現場・教職員に求められるようになっていることから、活動を進めても進めても成果が見えず、結果的に徒労感だけが残ってしまうといった実態が浮かび上がっています。

　そこで、今回、労働科学研究所は「教職員の心身の健康を守る労働安全衛生活動先進事例集編集委員会」を設け、教育委員会、管理職、教職員組合の協力により現場取材を行い、本冊子

をまとめました。この冊子では、教育現場と教職員を巡る深刻な環境下においても、多忙化解消のために労働安全衛生活動やノー残業デーなどのとりくみを着実に進め、成果・結果を残している事例を紹介しています。

それぞれの事例については、以下の観点に立ってインタビューを中心に紹介しました。

① 活動を進めてきたキーパーソンとその仲間がいること。
② 地道な活動を継続していること。
③ 教育委員会、管理職、教職員組合が超勤・多忙化の実態の解消に向けて行動し、教職員がイキイキと元気に働ける職場をつくっていくことが子どもたちのゆたかな学びと育ちの保障につながるという共通認識に立ち、それぞれの立場からとりくんでいること。

取材を通じて労働安全衛生活動やノー残業デー、定時退勤日などのとりくみをすすめるなかで、職場環境が変わり、教職員自らの働き方を変える機会になっていること、何よりも、そのことが子どもたちの笑顔や成長につながっていることを垣間見ることができました。

今回は労働安全衛生体制の整備が遅れている小中学校をとりあげましたが、高校・特別支援学校でのとりくみにとっても教訓となるものです。

働くものを大事にしない組織は持続性のある組織とは言えず、その社会的責任も果たせない組織です。全国津々浦々の学

校、教育委員会において、それぞれの実情に応じて労働安全衛生活動がさらに活発にとりくまれ、大きなうねりになるとき、日本の学校教育が真に社会的使命を果たせる営みへと教育現場から変えていく力になっていくのではないでしょうか。

# 目 次

はじめに 3

## ケース・スタディーⅠ　鹿児島県鹿屋市 ……………………………… 12
### 教育委員会と現場が思いを一つにすることで

快適な職場環境で働く教職員の声　12
労働安全衛生活動が加速するキッカケ　15
労安活動を通じて超勤縮減にとりくんだ　15
市教委の労安体制整備に関わる姿勢　17
市教委などへ行事精選を求める　18
組合が労働安全衛生活動をすすめるようになった契機　21
ケース・スタディーⅠのポイント　25

## ケース・スタディーⅡ　兵庫県養父市 ……………………………… 26
### 教育委員会と現場が共同ですすめる「勤務時間適正化」

給与削減提案からはじまった県教委による超勤多忙化解消のとりくみ　27
超勤実態調査→解決策の提示と実践→実態調査→解決策の提示と実践　29
養父市におけるノー部活デー、定時退勤日のとりくみ　34
ノー部活デーは現場にどのような影響を与えているのか？　36
ケース・スタディーⅡのポイント　39

## ケース・スタディーⅢ　長崎県長崎市 ……………………………… 40
### 労働安全衛生活動を活性化するポイント

安全衛生委員会開催回数をどうやって増やしてきたのか？　40
労働安全衛生活動にとりくむ小学校の具体事例　45
長崎県教委による「プラス１」推進運動　48
労働安全衛生活動をすすめていく上での課題　51
ケース・スタディーⅢのポイント　53

ケース・スタディーⅣ　**岩手県北上市** 54
　　　　　　　　人を動かすためには、まず形を作って見せることから

　議会でも積極的にとりあげる　54
　学校現場への理解をどう広げるか　59
　超勤多忙化解消の一歩は実態調査から　63
　学校に労安体制を整備する　66
　衛生委員会が設置された学校では、何が契機になったのか？　68
　なぜ労安活動を続けられているのか　69
　ケース・スタディーⅣのポイント　69

ケース・スタディーⅤ　**神奈川県川崎市** 70
　　　　　　　　教職員のメンタルとフィジカルを支える
　　　　　　　　「健康推進室」の活動

　川崎市の安全衛生管理体制　70
　職場環境巡視についての独自のとりくみ　71
　個人ではなく組織(集団)としてのメンタルチェックを実施するのはなぜか　73
　成果事例を集約し、フィードバックする　78
　安全衛生活動のコーディネーター役の存在　78
　いかにして年間 869 回も相談に来るようになったのか　81
　ケース・スタディーⅤのポイント　83

## 教職員の多忙感の解消・労安に必要な視点 84
　5か所のヒアリングから学んだこと　　労働科学研究所　酒井一博

　5者5様、とりくみのきっかけと展開のプロセスに注視　84
　児童・生徒の安全・健康と、教職員の安全・健康　85
　法規準拠の安全衛生から自主対応の安全衛生の時代へ　87
　長時間労働はなぜなくならないか、減らすために必要なものは何か　89
　労安に必要な視点　93
　多忙化とメンタルヘルス　96
　行政とどうかかわるか、そして組合の役割は　99
　産業安全保健専門職の役割と実践　101
　労働安全衛生マネジメントシステムの導入　102
　時短が実現して何が変わったか　104

　資料：学校における労働安全衛生管理体制の整備のために（改訂版）　106

ケース・スタディーI　鹿児島県鹿屋市

# 教育委員会と現場が思いを一つにすることで
働きやすい職場環境に変わる

　最近、始業、終業時刻を記録する出退勤記録簿(勤務時間管理簿)をつけることが全国的に多くの教育現場で実施されています。原則として、労働基準法の適用を受ける教職員の勤務時間を管理することは、管理者の義務です。しかし、勤務時間管理簿をつけても実態が変わらず、何のためにやっているのか分からないといった声も多くあります。鹿児島県鹿屋市立下名(しもみょう)小学校では、労働安全衛生活動を通じて、勤務時間管理簿を活かした超勤縮減などのとりくみをすすめています。

**快適な職場環境で働く教職員の声**
　下名小学校の2015年2月の校内衛生部会資料には以下のような労働安全衛生活動の成果が載っています。

　◆健康管理のための勤務記録カード(出退勤記録簿)について
【成果】

◎勤務時間を記入することで、仕事のすすめ方を客観的に見るようになり、効率的に仕事をする意識が高まった。
◎家族といる時間が増えた。
◆快適な職場環境の醸成
【成果】
◎ここ数年で行事等が改善され、慌ただしい日々が減っていると感じる。
◎教室の物的環境が改善されてきておりありがたい。
◎仕事をする上で悩んだり迷ったりしたときに、同僚や上司に相談しやすいし、よく話を聞いてもらえるので、一人で悩む時間が短くなった。お陰で仕事がスムーズにできているように思う。

　下名小学校では、出退勤記録簿を、校長が月ごとに集計し、業務削減などの成果・改善案を職員会議に報告しています。そうすることによって管理者が出退勤記録を活かした学校運営を行っているという、出退勤記録をつける本来の目的を達成するためのとりくみが行われています。また、毎週水曜日を定時退庁日とするとりくみもすすめています。
　とりくみの成果を校長先生に聞いてみました。
　――職員にゆとりが出たと感じたのはどのようなときでしょうか？
　「職員の笑顔が増えたことです。3年前に来たときには笑顔

下名小学校校長（左）　福永一文さん（右）

が少なく、ざっくばらんに話せるような雰囲気は感じませんでした。ですが、最近では笑顔が増えたので、おたがいに声をかけやすい職場になりました」

――先生に笑顔が増えたことが子どもにプラスになっていると感じる場面はありますか？

「担任の先生が昼休みに自分の意思で積極的に子どもたちと遊んでいます。以前は昼休みも、教室で仕事をされている場面が多かったのです。校長室から校庭を見ていてとてもうれしくなってきます」

校長の言葉から、教育現場の本来あるべき姿とはいったい何かを考えさせられます。

**労働安全衛生活動が加速するキッカケ**

　校長は赴任してから、教職員の忙しさがそのまま子どもたちにはね返っている様子を見ていて、何とか教職員がゆとりをもって教育活動に当たれる方法はないかと考えていました。同じ年に、組合活動のなかで、労働安全衛生活動を積極的に推進してきた福永一文さんも下名小学校に赴任しています。校長が福永さんから労働安全衛生に関する知識を学ぶなかでとりくみがはじまりました。

　文科省、県教委から労働安全衛生に関する通知、教職員の勤務時間管理体制についての通知などがあり、そこには、「校長自らが主体的に業務改善に務めなさい」と書かれていました。これを受けて、校長自身、「これは私のすべき仕事だ」と感じたため、福永さんと協力しながら行動していった結果、行事の精選・統合などを実現することができたのです。しかし、さらにその先の活動がなかなか広がらないと感じていました。とくに教職員一人ひとりの超勤実態がつかみきれないというもどかしさがありました。そこに、13年9月から勤務記録カードの導入が鹿児島県でもはじまることになりました。記録カード導入を契機に超勤縮減をはじめ労安活動のとりくみが一層すすんでいきました。

**労安活動を通じて超勤縮減にとりくんだ**

　校内衛生部会や職員会議の時間を使い、勤務記録カードの集

計結果をもとに、1か月を振り返り、時間を減らすための具体的な対策を協議し、実行にうつしていきました。たとえば、会議の資料を作ることに時間がかかっていることが分かってきました。会議資料を少なくすれば時間も短縮できます。会議の資料は前年度のものをファイル化して翌年度はそれを活用し、作らなくていいプリントは作らないようにしました。また、職員朝会の時間もくどくど説明せずに一言で言う、会議の始まりや終わりの時間を守る、など小さなとりくみを続けています。

　最初はカードをつけることすら時間のムダだという声もありましたが、1か月ごとに集計し、課題を明確化し、できることから業務の削減を図っていくことを継続していきました。その結果、徐々に時間を意識し、ムダな仕事をしないように省くことを意識する教職員が増えていきました。また、カードを1年間継続し、年間の振り返りをしたときに教職員の意識がさらに変化していきました。ただ、勤務時間をなかなか減らせない教職員もおり、そのような教職員への支援も行っています。

　福永さんも、継続することの必要性をこのように語ってくれました。

　「一つひとつをきちんと検証して、そのたびに何が阻害要因になっているのか？　ということをみんなで確認し、納得して、改善案を出すことを継続することでたどりついていくと思います。若いうちは無理がきいてしまう。仕事だけ頑張ればいいというのはいかがなものでしょうか。仕事を一生懸命頑張っ

て、家庭はほとんど任せっきり。オレの背中を見て育っているから大丈夫といっていたら、後になって大変という例は枚挙に暇がありません。仕事も腹八分、家庭も腹八分、余裕のある人生の設計をしていこうということです」

### 市教委の労安体制整備に関わる姿勢

　管理職は、１か月ごとに勤務記録カード報告を市教委へ行わなければなりません。市教委はそうやって提出された全校のデータを見て、勤務時間を把握し、校長会で議題にとりあげることを通じて管理職にも意識づけを続けています。

　鹿屋市教育委員会教育長に聞きました。

　「管理職の方には教育長との業績や評価の面談があります。そのときに課長から安全衛生委員会を開いているかと必ず聞いてもらっています。こういうやりとりをずっと重ねていきますと、これは必要なことだ、という意識に変わっていきます。こうした意識は徐々に積み上がっていくものであって、一気に変わることはないと思います。先生方が健康で、適正な勤務時間の中でイキイキと仕事をされること。これは校長が願っていることであり、私たちも願っていることです。そのために足りない面、たとえば先生たちの健康管理や労働条件をきちんとすることが教育長の仕事だと思っています。また、先生たちがどの学校でも一人ひとり元気で毎日の授業に臨んでいる姿が子どもたちの元気につながり、力をつけることにつながると思っています」

この言葉からも分かるように鹿屋市では市教委と学校現場が同じ方向を向き続けようとする認識が広がっています。共通の認識を持つからこそ、それぞれの施策が実のあるものになっているのでしょう。

　ただ、課題もあります。たとえば、勤務記録カードには、記録が義務づけられているのは平日分だけです。「これでは本当の実態を知ることはできません」と、福永さんは言います。定時退庁日には、持ち帰り仕事が増えるという課題もあり、「平日の記録だけではなく、持ち帰り仕事、土日に出てきたのかということをトータルでやらないと、あまり意味のないカードになるのではないかと教育委員会に伝えました。仲間とは備考欄にそういった実態を書いていこうと話し合っています」

　教職員の労働の実態を精確に把握し、多忙化を解消するための活動がさらに充実したものとなるようとりくみは続いています。

**市教委などへ行事精選を求める**

　業務削減は、学校だけでなく市教委が主催する行事などの削減も不可欠です。

　組合は、教職員対象に「教職員にとって働きやすい職場か？」「子どもたちにとって過ごしやすい教育環境になっているのか？」といったテーマの職場実態アンケートをもとに市教委と協議を続けてきました。また、教職員出身の市議会議員とも連

携をしながら、現場の実態、願いを教育委員会に伝えていきました。現在では、職場実態アンケートが高い回収率となり、その結果を市教委もないがしろにできないほどの影響力をもつものとなりました。とはいえ、とりくみをはじめた最初の１、２年はなかなか集まらず苦労が多かったようです。しかし、組合役員として福永さんは諦めず、回収率を高める体制づくりをすすめていきました。

　そもそも、組合が職場実態アンケートを行った契機は、福永さんが鹿屋に転勤してくる際に聞いた一人の女性教職員の声でした。

　「私が前にいた町（高山）で一緒にいた女性の先生は、私の姿を見つけると、いつも高山は先生にとってひどい環境だ、どうにかして、と言います。その後、鹿屋に来ましたが、その先生も私より１、２年前に鹿屋に来ていて、今度はこう言います。鹿屋は先生にとってひどい環境だ、どうにかして。このときに私は、なぜかは分かりませんが、もう、やるしかないと感じました。それから職場を変えるという本気の思いで、全部の学校にアンケートをとりました」

　一人の教職員のつぶやきを組合の課題としてとりあげ、鹿屋市で働く教職員全体の声を聞くことに広げていきました。そして、職場実態アンケートの声をもとに以下のような成果をあげることもできました。

**資料1　10年度鹿屋市教育委員会学校教育課行事見直しについてより抜粋**

| ◆廃止された行事 | |
|---|---|
| ◎学力向上支援事業 | ➡学校ボランティア制度を自主的にとりくみたい学校だけを対象とする（市として指定はしない）。 |
| ◎教科部会 | ➡年度初めの全体会は行わない。必要な教科のみ部会を実施する。 |
| ◎カヌー大会 | ➡安全面の確保が困難なため廃止する。 |
| ◎スクールゾーン連絡会 | ➡廃止。 |
| ◆統合された行事 | |
| ◎小中高連携推進事業　◎鹿屋市英語教育研 | ➡英語教育研究会に市内の高校が参加し、小中高連携のもと英語教育の充実をはかることを推進する。英語研の研究サイクルを2年サイクルとする。 |
| ◎交通安全担当者会　◎AED講習会　◎保健主任等研修会 | ➡保健主任等研修会へ統合する（救命法等は学校で）。 |
| ◎水難事故防止対策等連絡会 | ➡社会教育関係行事と抱き合わせる（危険箇所等の把握については、新たなシステムで行う）。 |
| ◆対象者の変更等によって見直した行事 | |
| ◎教務主任等研修会 | ➡年2回の研修会の1回目は新任教務のみを対象とする。 |
| ◎小学校教員水泳実技講習会 | ➡事実上の悉皆参加を初任者と希望者とする。 |

**組合が労働安全衛生活動をすすめるようになった契機**

　福永さんは、組合が労働安全衛生活動を積極的にすすめるようになった契機を次のように語っています。

　「多忙化や職場の色々な問題が起こったときに、教育委員会と交渉することはどこでもやっていると思います。ですが、ただ交渉するだけでは根本的な解決になりません。どういうことかというと、交渉相手が異動などで変わるとまた一から同じことを交渉することの繰り返しで、何度もやり直しという経験をしてきました。これでは対症療法になっているだけで根本的な解決になりません」

　福永さんは教職員が働きやすい環境整備を行うためには、教育委員会が組織としてとりくむ体制を整えることが必要だという問題意識をもつようになりました。あるとき、「教職員のための安全衛生法」という、労働安全衛生法について簡単な解説がされている冊子に出会いました。福永さんは組合でその冊子をもとにした学習会を開催しました。そのときの出席率は組合員のほぼ100％だったというだけに、組織として全力をあげたとりくみでした。

　「私もよく分からない頃でしたが、その冊子を読んで、労働安全衛生法という法律を活用して職場が改善できるんじゃないかという提起をしました。そして、支部の労安対策委員会も作りました」

　あるとき福永さんは市教委に、労働安全衛生法を活用し、総

括安全衛生委員会の設置を求める提案をしました。労働環境の整備には学校だけでは解決できない課題もあり、市教委が主体となり、組織的に解決を検討する場が必要という理由からの提案でした。

しかし、市教委からの答えは「必要ないと思います」ととりあってもらえなかったのです。その状態はしばらく続きました。それでも諦めることなく、組合のなかで労働法などの法律についての学習を積みあげていきました。

また、職場でキチンととりくむ体制を作ることが必要なことから、管理職が労働安全衛生法や次世代育成対策推進法、文科省・県教委の通知を含めて理解できるように伝えることを市教委に提案しました。さらに、校長自身、職員に伝えるように指導することも求めていきました。

「その結果、何とかとりあげてくれましたが、現場を見てみると校長が全く理解していないということが分かりました。人によっては、年に１回衛生委員会をやっています、と答えるので、まだ足りない、ということを何度も何度もしつこく伝えて、やってもらってきました。そうするうちに何年か経って、少しずつ学校現場でも伝わり、校長もとりくみが理解できるようになります」。福永さんはここでも継続することの大切さを伝えてくれています。

このように校長への理解がすすまないことも大きな課題でした。なぜ校長への理解がすすまないのでしょうか。それは、遅

くまで学校に残り、土日も働いていることや時間にとらわれずに子どもや地域のために働くことがすごく熱心な先生という評価につながると捉えている校長が多いからです。そのため、労働基準法などの法律や規則を理解しようとしないのです。一部の校長は、納得して自分で一生懸命勉強したり、ネットで調べたりして職員に提示している方もいますが、ごく一部です。組合が実施した調査によると、鹿屋市内では半分がそういった伝達を行っているが、その時間は5分～10分にすぎず、教職員から質問をされても、答えられないということもありました。

　市の総括安全衛生委員会はなかなか設置されないままでしたが、2012年に起こったある出来事が設置の大きな契機となります。市内の、忙殺されていたある管理職が不祥事事件を起こしたのです。これは現在の教育長にとってものすごく衝撃的な出来事でした。「すごく責任を感じている。今後こういう問題をおこさないためにも組合から要求されているように、総括安全衛生委員会が必要だと感じました。作るための協議を始めましょう」と福永さんに言われたそうです。

　それから1年かけてどのような総括安全衛生委員会にするかを協議していきました。

　提起された当初案では委員数は管理者側が多く、決定したことを現場に指導する権限すらない不十分なものでした。幾度も協議を重ねるうちに委員は労使同数、指導権限の明文化にこぎ着けました。総括安全衛生委員会による職場巡視が今後の課題

です。

　状況が厳しくても行動が継続していけば、少しずつ変化が起きてきます。現場での実践は管理職の協力なくしてなし得ません。そして、その管理職への意識づけは教育委員会との連携なくして行うことは難しいのです。現場レベルでのとりくみと合わせて管理職への意識づけをすること。根本から変えていくためにはこの両輪が必要なのだということが鹿屋市でのとりくみを通じて再確認できます。

　福永さんは、「どんな人であっても、話し合っていけば共感できるところがみつかります。この信念があるからこそ、教育委員会に対しても粘り強く協議をし続け、結果として関係性を築くことができたのだと思います。私は事務職員です。ちょうど30代後半の頃、子どもと接する先生の大変さが全然分かってないと思いました。だったら、自分でできることをやろうと決めて、先生が教育活動をしやすい環境、子どもたちが明るく元気になりやすい環境を同時につくっていく必要があると思ってとりくんでいます」と話しています。

　鹿屋市のとりくみは、教職員の声を丹念に集め、そして労働安全衛生などに関わる法律をしっかり学習し、法的な裏付けをもって、粘り強く教育委員会に伝えていくことで、確実に結果が出ることを教えてくれています。

―― ケース・スタディーⅠのポイント ――
◇1　市教委が、教職員が働きやすい職場をつくることを自らの責務と認識し、具体的に行動している。
◇2　管理職が出退勤記録簿を毎月集計し、業務削減などの成果と課題を職員会議に報告している。
◇3　組合役員が労働法を学習し、彼らの働きかけで教委主催の管理職研修や校長会などの場で、管理職が労働基準法、労働安全衛生法などを学んでいる。

ケース・スタディーⅡ　兵庫県養父市

# 教育委員会と現場が共同ですすめる「勤務時間適正化」
ノー部活デーは、現場にどのような変化をもたらすか

　TALIS調査では、日本の中学校教員の1週間当たりの労働時間は53.9時間で参加国中トップでした。長時間労働の主たる要因となっているのは部活動指導で、1週間で7.7時間となっています。

　文科省は、子どもの健康、教職員の負担という面からも部活動を実施しない日を設ける「ノー部活デー」の実施を各教育委員会に求めていますが、全国的には一向に改善の気配が見えないのが実態です。また、部活動が生活指導や生徒の心身の成長につながる場であるという理由から、非常に熱心にとりくんでいる教職員が多く、部活動を休むこと自体に強い抵抗感を抱く方々も少なくありません。

　教員の長時間労働を招いている部活動について、市行政の支援により市内の中学校が「ノー部活デー」を一斉に設ける活動をすすめている兵庫県養父市の現状を取材しました。

### 給与削減提案からはじまった県教委による超勤多忙化解消のとりくみ

　兵庫県養父市のノー部活デーのとりくみは、県教委が08年「教職員の勤務時間適正化検討委員会」（以下、検討委員会）を設置し、県全体で多忙化・超勤縮減のとりくみを始めたことが契機になっています。委員会は、「勤務時間適正化検討委員会」とネーミングされています。長時間労働が当たり前となっている「不適正な」勤務実態を「適正化」することが検討委員会の目的であることがよくわかります。他県でも、多忙化・超勤縮減を目的とした委員会などが設置されていますが、多忙感解消、超過勤務縮減、業務改善などと名付けられている場合が多くあり、参考にしたい考え方です。

　また、兵庫県は県教委が旗振り役として超勤多忙化解消のとりくみを推進しています。その契機となったのは07年秋のことでした。その年、兵庫県は「新行政改革プラン」による給与独自カット提案を組合に行い、交渉が始まりました。
　当時、兵庫県教職員組合（以下、兵教組）の副執行委員長だった泉雄一郎さん（現委員長）はこう話されています。「給与の５％引き下げをするならば、勤務時間の５％引き下げをすべきと教委に対して逆提案し、交渉をすすめました。そこで、08年度に勤務時間適正化検討委員会が設置されることになりました。以来、教育委員会が超勤多忙化解消の旗ふり役となってい

兵庫県教職員組合主催「学校業務改善推進事業」交流会

ます」

　また、兵教組は、人事委員会に対して、学校現場の特殊性を十分に考慮し、実効ある休憩時間の確保など、教職員の勤務時間の適正化を図ることを要求し、交渉をすすめた結果、人事委員会は次のような報告を行いました。

【08年人事委員会報告】

　長時間にわたる超過勤務は、職員の活力の低下をもたらし、健康や家庭生活等にも大きな影響を及ぼすものであることから、本委員会としても、毎年、超過勤務縮減のとりくみについて報告してきたところであり、各任命権者においても、超過勤務の上限目標の設定に加え、「ノー残業デー」の設定、検討委員会の設置など様々なとりくみがすすめられ、その縮減が図られてきているが、なお長時間にわたる超過勤務のある職場が見受けられるところである。

　今後とも引き続き、計画的な業務執行や事務事業の効率化等、事務改善を積極的にすすめるなど、超過勤務の縮減に向け

た実効性のある更なる取組が必要である(傍点は、編集委員会による)。

　泉さんは、「人事委員会が、実効性のある更なるとりくみが必要である、と報告したのは大きかった」と語っています。労働基本権の制約の代償機能をもつ人事委員会の毅然とした姿勢が、県教委を動かす力となっていったのです。

### 超勤実態調査→解決策の提示と実践→実態調査→解決策の提示と実践

　検討委員会には管理職代表、兵庫県教育文化研究所、現場教職員が参加し、事務局は県教委が務めています。県教委は、08年度に勤務実態調査を実施しました。その結果を踏まえて、検討委員会で超勤縮減にむけた方策が協議され、09年3月に「教職員の勤務時間適正化対策プラン」(以下、対策プラン)が策定されました。対策プランでは、超過勤務時間を20～30％削減することを数値目標に掲げ、以下のような方策を実施してきました。

◎放課後の会議を設定しない「ノー会議デー」を週1日は設定する。
◎部活動を行わない「ノー部活デー」を週1日は設定する。また、休業日について、最低月2回は部活動を行わない日を設定する。部活動の在り方については、引き続き検討する。

◎毎週1日「ノー残業デー」を設定する。
◎教育委員会が実施している調査について、提出書類の簡素化、様式の統一、調査回数の縮減等の見直しや廃止を行う。また、学校事務について電子化・システム化を推進し、事務処理にかかる時間を縮減する。
◎モデル校を指定し、経営コンサルタントの指導助言を受け、会議や学校の業務の効率化をすすめる。また、モデル校における成果を、他校でも実践できる「学校業務改善マニュアル」として作成する。
◎教育委員会・校長会が実施している研修や事業について、実施内容、方法等の見直しを行い、出張回数の縮減を図る。

12年度にも勤務実態調査を実施し、教職員の勤務時間適正化検討委員会においてとりくみの成果と課題がまとめられました。その一部を紹介します。

◆成果と課題（13年2月、兵庫県教委・「兵庫県教職員の勤務時間適正化検討委員会」）
ア）1日あたりの労働時間の比較（教諭・養護教諭）
平日の残業時間は15分増加しているものの、休憩時間中の労働時間が15分減少しているため、実質的な超過勤務時間は、ほぼ横ばい。平日の超過勤務時間の縮減がすすまなかった一因としては、学習指導要領の改訂により、授業時間が増加し、放

課後の時間が少なくなったこと、授業準備に要する時間が増えたこと。09年度より正規の勤務時間が15分短縮され、7時間45分となったこと。

　休日（土・日曜日）は、職場での労働時間が30分、持ち帰り労働時間が46分減少した。

　イ）「ノー残業デー」等の実施状況
　◎ノー残業デー　11年度：56.8％→12年度60.9％
　◎ノー会議デー　11年度：89.2％→12年度94.9％
　◎ノー部活デー　11年度：91.9％→12年度95.9％
　ウ）校務・業務のIT化（2013年度調査より）
　◎教職員一人1台のPC配置：小97.2％、中96.6％
　◎児童生徒のデータベース化：小86.0％、中85.9％
　◎成績処理の電子化：小84.2％、中99.2％
　◎通知表の電子化：小84.1％、中95.8％
　◎指導要録の電子化：小79.7％、中90.1％
　◎校務支援システムの導入：小51.5％、中54.4％

　エ）教職員からの聞きとりでは、教職員一人1台のPCが整備され、ＩＴ化がすすんだことから事務処理の時間が短縮、「定時退勤日」の設定と管理職などの声かけなどにより、帰りやすい雰囲気ができ、教職員の意識も高まった。

　課題として、初任者等、教材研究や授業準備で遅くまで残っている場合がある、とりくみがすすんでいる学校とそうでない

学校の格差、自治体間の格差がすすんでいることが浮き彫りになっています。

　12年度の勤務実態調査、勤務時間適正化検討委員会における「対策プラン」の総括を経て、13年2月には、「教職員の勤務時間適正化新対策プラン」(以下、新対策プラン)が策定されました。「ノー部活デー」の完全実施(資料1)、学校運営方針に「教職員の勤務時間の適正化」を明記、調査物などの削減と校務・業務のIT化のさらなる推進などを通じて児童生徒と向き合う時間の確保や、今年度までに、県内すべての学校が業務改善モデル校として指定されることなどが決定されました。

　08年に県教委の検討委員会が設置されるとほぼ同時期から、兵教組は年1回「学校業務改善推進事業」交流会を開催しています。交流会では、県教委・兵教組の調査報告、モデル校のとりくみ報告(小学校、中学校)、各支部のとりくみについての意見交換などを行っています。とりくみがすすんでいるところとそうでないところの格差を解消するためにも、超勤縮減のアイデアの共有化や現場でのとりくみを継続する必要があるという意識化が行われています。

　兵庫県における超勤多忙化解消のとりくみは、県教委指定のモデル校を点とし、それを面に広げていく方法を組合も積極的に支援しています。超勤縮減策が「一発花火」ではなく、県教委による数年おきの実態調査とそれを踏まえた超勤縮減策の策定、超勤縮減の数値目標が設定されるというように教訓とし

資料1　兵庫県教育委員会作成「実りある運動部活動の実施に向けて」

# 実りある運動部活動の実施に向けて

兵庫県教育委員会

> 県教育委員会では、生徒のゆとりある生活と実りある運動部活動の実現に向け「ノー部活デー」の取組を推奨しています。
> ◎ 平日に最低週1日以上は部活動を行わない。
> ◎ 土日等の休業日については、最低月2回以上は部活動を行わない。

□ 「ノー部活デー」に期待できる効果

○ 長時間・長期間にわたる過度な活動は、スポーツ障害の要因だけでなく、心にも疲弊をきたします。休養や規則正しい生活は、科学的にもケガの防止や効率的な活動につながります。
○ 家族とのふれあいや趣味等の時間をもつことで、生徒や教職員の心身のリフレッシュを促します。

| 1週間のスケジュール例 | |
|---|---|
| 月 | ノー部活デー（完全休養日） |
| 火 | 練習日 |
| 水 | 練習日 |
| 木 | 積極的休養日 |
| 金 | 練習日 |
| 土 | 練習日 |
| 日 | ノー部活デーor 試合 |

（参考文献）
ジュニア期のスポーツライフマネジメント
（公益財団法人日本体育協会）
http://www.japan-sports.or.jp/publish/guidebook.html#ji de03

□ 運動部活動を支える3本柱

―保護者の声―
「ノー部活デー」で子どもの生活にメリハリがつき、勉強に部活に集中できているようです。（神戸地区：中2の母親）

―顧問の声―
・日曜日が「ノー部活デー」です。リフレッシュすることで集中力が高まり、質の高い練習ができています。ケガも少なくなりました。　（陸上競技部顧問）
・学校が月曜日に「ノー部活デー」を設定しています。教材研究の時間も確保できました。ゆとりをもって授業に臨み、授業も充実しました。（柔道部顧問）

**学　校**
○ 「ノー部活デー」の設定
○ 適切な活動計画の設定
○ 練習の質を高める工夫と実践
○ 生徒の自主性を高める指導

**家　庭**
○ 家族のコミュニケーション
○ バランスのとれた食生活
○ 十分な睡眠と積極的な休養
○ 部活動の運営に対する理解と協力

**地　域**
○ 外部指導者として協力
○ スポーツ活動を通したコミュニティーづくり
○ 部活動の運営に対する理解と協力

―外部指導者の声―
部活動を通して、子どもたちが自分と向き合い、感謝の気持ちや粘り強さ等、心と身体の成長を感じることができ、大変うれしく思っています。

□ 運動部活動は「生きる力」を育む、大変意義深い活動です。

◇ 喜びと生きがいの場
◇ 体力の向上と健康の増進
◇ 豊かな人間性の育成
◇ 明るく充実した家庭・学校生活
◇ 生涯にわたってスポーツを親しむための資質育成

➡ 「生きる力」の育成

―充実した運動部活動に向けて―
○ 運動部活動の支援体制　▷　運動部活動に対する家庭や地域の理解と協力
　　　　　　　　　　　　　　顧問会議やキャプテン会議の開催（質の高い練習計画・リーダーの育成）
○ 開かれた部活動に向けて　▷　地域の外部指導者の活用
　　　　　　　　　　　　　　地域スポーツクラブへの参加等
○ 生活のバランスのとれた活動　▷　「ノー部活デー」を定め、適切に休養日を設定

「ノー部活デー」でパワーUP！運動部活動！！

ケース・スタディーⅡ　兵庫県養父市

たい点が多くあります。

### 養父市におけるノー部活デー、定時退勤日のとりくみ

　養父市では、県教委の提言を受け、定時退勤日の設定（市内全小・中学校ともに水曜日に設定）、ノー部活デーの設定（平日に週1日、土・日については月2回以上の設定）、学校行事等の精選と年次休暇10日以上の取得、IT化により事務の効率化をすすめてきました。特に、家庭や住民への理解をはかるために市広報紙やHPで定時退勤日実施、ノー部活デー実施の趣旨を積極的に広報（資料2）しています。このようなとりくみは行政機関の支援があってこそ前にすすむのです。また、市教委は、養父市勤務時間の適正化推進会議を学期に1回程度開催し、学校業務の改善方法について協議と意識づけを続けています。さらに、毎水曜日には定時退勤の呼びかけのメールが市教委から学校へ送られるなど徹底したとりくみをしています。

　兵教組養父支部長の安本靖史さんは、「12年に『新対策プラン』が出される3年前くらいから、ノー部活デーが定着してきたと思います。最初は会議の日がノー部活デーになりました。また、研修の日もノー部活デー。それより前までは会議と部活、研修と部活を並行して行っていました。しかし、部活動中に怪我をした場合、責任は顧問にあり、保護者に説明がつかない。そのため、月に2回は会議中は部活をしないことになり、それがノー部活デーとして始まったと思います。そこから、水曜日

資料2 養父市広報紙「やぶ」教育委員会からのお知らせ

教育委員会からのお知らせ

# 教職員の勤務時間の適正化について

学校を取り巻く環境が急激に変化する中、教育活動のさらなる充実を図るためには、教職員が時間的・精神的に落ち着いた状況のもとで、児童生徒としっかりと向き合うことが重要です。

教職員は、放課後に、補充授業や部活動、教材研究、学級事務、校務分掌、行事準備、教育相談等、多忙を極めています。退勤後の持ち帰り仕事や土日の部活動等、統計に表れない超過勤務は、かなりのものになります。

そのような中、児童生徒と向き合う時間を確保し、また時間的余裕と、心通い合う生徒指導を行うための精神的余裕を持てるよう、兵庫県教育委員会が平成25年2月に策定した「教職員の勤務時間適正化新対策プラン」に基づき、以下の2つのことに重点をおいて、適正化を進めてまいります。

## 教職員定時退勤日の実施

児童生徒の生きる力を育み、学力の向上やいじめゼロに向けた様々な課題を解決するためだけでなく、教職員が児童生徒とじっくりと向き合う時間を確保することが重要です。

平成24年度に兵庫県教育委員会が県内の小中・高等学校および特別支援学校を対象に実施した教職員勤務実態調査の結果は、教員の平日1日あたりの平均労働時間は10時間46分となっており、その時間的・精神的負担が増大していることが判明しました。

そこで平成25年度から、週1回以上の「教職員定時退勤日」を市内すべての学校において設定・実施しています。

「教職員定時退勤日」の実施により、教職員のワークライフバランス(仕事と生活の調和)を実現することで、すべての教職員が精神的なゆとりを持って、一人ひとりの児童生徒に向き合うことのできる環境づくりを進めています。市内各校は毎週水曜日に設定しています。

## 「ノー部活デー」の実施

長時間・長期間にわたる過度な部活動により、スポーツ障害等の要因だけでなく、心にも疲労をきたすことが問題となっています。

そこで、生徒のゆとりある生活の確保とスポーツ障害等の防止、教職員が生徒と向き合う時間を確保するため、部活動の休養日を設ける「ノー部活デー」を、市内すべての学校において設定・実施しています。

「ノー部活デー」の実施による休養や規則正しい生活は、科学的にも実施しての防止と効率的な活動につながるとされています。

また、家族とのふれあいや趣味等の時間をもつことで、生徒の心身のリフレッシュを促し、生徒に向き合う時間とゆとりある生活と実りある運動部活動ができる環境づくりを進めることとしています。

### 「ノー部活デー」の設定
(1) 平日は、最低週1日は部活動を行わない。
(2) 土曜日・日曜日等の休業日は、最低月2回は部活動を行わない。また、試合やコンクールにより実施できなかった場合は、平日に部活動を行わない日を設ける。

## 「食育」の推進に向けて

津崎利久子 教育委員長

梅雨の季節、田畑の作物は日ごとに生長して、たくましさを感じます。

幼児センター等を訪れると園庭やプランターに、ミニトマト、ナス、キュウリなどが植えられ、子どもたちが水やりや草抜きの世話をする姿を見かけます。育てる楽しみ、収穫の喜びを体験し、自分たちで育てた新鮮な野菜の味は格別でしょう。

児童生徒の望ましい食生活の形成を図るため、学校教育活動の中で「食育」の推進が図られています。

学校給食センターでは、生産者の協力を得て、地産地消の取り組みを推進しています。中でも地域食材を使用したやっぷーメニューは生徒たちに大人気です。

「食育」は、学校、地域、家庭との連携により今後充実されていきます。

幸いに養父市は、美しい自然環境に恵まれ、安全な食材が豊富に生産されています。家庭で楽しい食卓を囲み、早寝、早起き、朝ごはんの習慣を目標として、元気あふれる「やぶっ子」を育てていきましょう。

にノー部活デーとして入ってきて、定着していったと記憶しています」と語っています。そして、市内の学校すべてがノー部活デーを水曜日としたことが円滑な導入につながったのです。

**ノー部活デーは現場にどのような影響を与えているのか？**
　ノー部活デーは、教職員にどんな影響を与えているのでしょうか？　部活動指導に情熱を持つ養父市立八鹿青渓中学校教諭の小林弘章先生に聞いてみました。

——ノー部活デーを実施するということを聞いたとき、抵抗を感じた
　「最初はそんなこといってもむりだと思いました。しかし、自分たちの部活だけ休むなら試合に負けるじゃないかとなりますが、市内で統一して休むなら条件はおなじです。悪い話じゃないなと思いました。これが自分の中学校だけとなると保護者の方からかなりクレームがくると思いますね」

——ノー部活デーがあることで子どもの生活が豊かになった
　「現在では、子どもたちのほうが水曜日に部活をすることに違和感を感じています。ノー部活デーの日は、子どもたちが帰るのが15時くらいです。家でお手伝いしました、テストが近いから、勉強したというようなことを生活日記にたくさん書いてくれています。部活が毎日だと、しんどいとかダルいとか比

較的マイナスなことを聞いていましたけど、疲れている身体をゆっくり休めることができましたという子どももいます。子どもたちの生活にもメリハリが生まれているようです」

安本靖史さん（左）　小林弘章さん（右）

――「ノー部活デー」「定時退勤日」があることで先生の生活も豊かになった

「部活にも休みが必要だと気づきました。早く家に帰れるとわが子と関われるというのは大きいです。妻や子も水曜日はラッキーな日と思ってくれているみたいです。そうやって家族が喜ぶのを見ると自分としてもまた頑張ろうと、元気をもらえます。

また、部活指導の日数が減っても、ダラダラ過ごすんじゃなくて、成果を上げるためにメニューを工夫していかなければならないと考えるようになりました」

――「ノー部活デー」導入にあたっての意識改革は身近な人の影響が大きい

「なかにはまだ変わってない方もいると思います。ぼくは毎

日やるぞというタイプだったのですが、色々と勉強するなかで先輩から部活動で給料もらっているわけじゃないという言葉を言われたことが大きかった。授業が一番だという発想がやっぱり必要です。部活だけではダメだというのは若いときには分からなかったですが、段々分かってきました」

──時間のゆとりを作るだけでは状況は変わらないケースもある。大切なのは意識改革と時間のゆとりを作ること
　「教員は空いた時間があっても、色々したいことがあるから、やることを作って、結果としてどんどん多忙化する。そういう意味では、昔からすると多忙感は変わってないということがあるのかなと思ったりします。定時退勤をすることを通して、頭の意識改革をしてもらっていると思います。多忙感を感じている先生とそうではない先生の違いは時間の使い方です」

──若い先生を孤立させないことが大事
　「若い教員は、自分で仕事を抱えこみます。ぼくは初任者の世話係、相談役です。声をかけて、一人に責任をおわせるんじゃなくて、チームのみんなで初任者を見ましょうっていう風潮があります。管理職からも、『複数でとりくみなさい。そうしないと来年度、再来年度にも引き継がない、全体に広がっていけへんから』、と言われます」

ここまで紹介してきたような県教委、市行政、管理職、組合が一体となり、時間的なゆとりをつくり出そうとしているとりくみが、少しずつ現場にゆとりをとりもどすことにつながっています。心の病で病気休職をとる教職員が高止まりしています。その割合が高いのは東京、大阪、沖縄、広島ですが、全国で最も割合が低い県のひとつが兵庫県です。

　また、今、学校は教職員の世代交代期にもあります。兵庫県教職員の勤務時間適正化検討委員会報告書でも、先輩教職員が忙しくしているため、若手教員が気軽に授業準備や教材研究について相談することが難しくなっているという課題があげられています。学校現場での、先輩の教職員との深いコミュニケーションを通じて若い教職員が育っていくためにも、時間のゆとりをつくりだす工夫は欠かせません。将来の学校教育を担う教職員を育てるという観点からも、超勤縮減のとりくみは重要なことです。

---

**ケース・スタディーⅡのポイント**

◇1　県教委が「勤務時間適正化」をはかるため、積極的に業務削減などを行い、数年おきに勤務実態調査を実施し、現状と課題を把握し、新たな改善策を示している。

◇2　定時退勤日、ノー部活デーを市町村単位で設定し、教委はその目的を住民に対して広報活動をしている。

◇3　組合も教委の改善策の実施状況を調査し、要望をするなど、教委のとりくみが現場に定着するよう組合が活動をしている。

ケース・スタディーⅢ　長崎県長崎市

# 労働安全衛生活動を活性化するポイント
成果は年単位で少しずつあがってくる

　安全衛生管理規程に、各学校に労働安全衛生に関わる体制を整備し、定期的に会議を開催し、職場環境を整えていくことが明記されてあっても、開催されていないという現状をどう変えていくか、全国共通の課題です。また、労働安全衛生活動は、子どもたちが安全に学校生活を送れるようにするための活動と捉え違いをしている事例もまだまだあります。
　長崎市では、各学校での安全衛生に関わる会議が毎月開催されるようになってきました。そのポイントはどこにあるのでしょうか。

**安全衛生委員会開催回数をどうやって増やしてきたのか？**
　長崎市職員安全衛生管理規程では、学校現場の安全衛生活動をすすめるため教育委員会安全衛生委員会（以下、市衛生委員会）を設けることが定められています。委員会の構成は、2014年8月22日時点では、議長（教育長）、選定委員（教育総務部長・

学校教育部長・総務課長・総務課職員係長)、推薦委員(小中学校教諭1名、高校教諭1名、学校庁務員1名、学校調理員1名)となっています。

そして、20年以上前から、各学校に安全衛生推進委員会(以下、推進委員会)を設置し、月1回開催することが目標とされてきましたが、なかなか実行に移されない現状がありました。

しかし、長崎市の小中、高校において推進委員会の実施率は13年前に比べると約2倍〜4倍に増え、現在ではほぼ毎月開催される体制ができてきました(表1)。

表1　推進委員会実施率

|  | 12年度 | 14年度 |
|---|---|---|
| 小学校 | 6.1回 → | 11.7回 |
| 中学校 | 5.3回 → | 12.0回 |
| 高等学校 | 3.0回 → | 12.0回 |

このように各学校で推進委員会が開催されるようになった原動力は、市衛生委員会において、各学校での推進委員会活動についてきめ細かな実態把握を行っていること、職場環境改善の際の面接などで安全衛生活動についての周知が図られてきたことがあげられます。市衛生委員会は毎月1回開催され、職場環境巡視を実施した学校の安全衛生に関わる課題、推進委員会の活動内容が詳細に報告されます。

14年11月22日の市衛生委員会には、14年度上半期の推進委

**資料1　安全衛生推進委員会の開催状況について（平成26年度上半期、抜粋）**

1　開催回数の状況

| 区分 | 開催回数 | | | | | 平均 | 備考 |
|---|---|---|---|---|---|---|---|
| | 2回 | 3回 | 4回 | 5回 | 6回以上 | | |
| 小学校 | | | 3 | 9 | 59 | 5.8回 | |
| | | | 4.2% | 12.7% | 83.1% | | |
| 中学校 | | | | 1 | 39 | 5.9回 | |
| | | | | 2.5% | 97.5% | | |
| 高等学校 | | | | | 1 | 6回 | |
| | | | | | 100% | | |
| 合計 | | | 3 | 10 | 99 | 5.9回 | |
| | | | 2.7% | 8.9% | 88.4% | | |

（小数点第二位を四捨五入）

2　毎月開催できなかった主な理由
◎行事や外勤が多く、設定できなかった。
◎年度初めの行事、会議等で時間が確保できなかった。
◎8月（夏休み期間中）は職員の出張、外勤、休暇等で関係人員が揃わなかった。
◎開催日に緊急会議が入り、実施できなかった。
◎開催できなかった月は、翌月に上旬と下旬の2回開催するなどした。

（中略）

4　安全衛生推進委員会の活動により改善・工夫された主な事例

| 議題又は問題点 | 具体的な改善事例 |
|---|---|
| 職員の健康管理 | ◎職員が各自または互いに健康面に気を配り、健康対策ができた。<br>◎職場でのストレスは軽減され、人間関係は良好である。ストレス度自己チェック法の活用もなされている。<br>◎勤務時間の短縮について、帰宅時間を意識して仕事を進める様子が見えてきた。<br>◎前年度から「ノー残業デー」の呼称を「残業NGデー」に変え、職員の意識改革を進めたところ、かなり意識化ができて、退勤時間が格段に早くなった。<br>◎メンタルチェックを定期的に実施し、各人がストレスを溜めないように配慮する動きが見られた。職場に笑い声が増え、職員の表情も明るくなった。 |

資料2　学校安全衛生推進委員会の運営要項（チェック項目）

◆1　学校安全衛生委員会の設置の趣旨についての委員への周知徹底

学校安全衛生委員会は、長崎市教育委員会事務局に設置されている教育委員会安全衛生委員会を補完する組織として設置されており、各学校における職員の安全衛生意識の向上及び安全衛生管理を図ることを目的としていること。

◆2　委員の半数以上の出席

安全衛生委員会の会議は、委員の半数以上が出席していれば開催できるものであること。

◆3　所掌事務（議題）の確認

安全衛生委員会は、次のような事項について協議検討するものとしていること。
（1）　日常業務における整理整頓（職員室、更衣室、印刷室等）
（2）　職場環境の清掃・改善（職務スペース、休憩スペース等）
（3）　安全点検、危険防止対策（ヒヤリハット事例、消火設備調査等）
（4）　職員の健康増進対策（ノー残業（部活）デー、メンタルヘルス対策）
（5）　校務災害の原因調査及び再発防止対策
（6）　その他（活動計画、ゴミ減量、節電節水等）

◆4　会議録の作成、職員への周知

安全衛生推進委員会の協議内容については、職員会議等を通じて、全職員に周知を図るようにすること。（全職員へ周知することで、安全衛生推進委員会の存在価値が高まり、活動の活性化にもつながる。）

◆5　協議結果（合意事項）の実施

安全衛生推進委員会での協議を受け、学校として実施を決定した事項については、安全衛生推進委員会としても実施に向けた支援・取組を行っていくこと。

員会の開催状況、活動により改善・工夫された主な事項などが報告されています（資料1）。

　改善・工夫をした事項では、前年度から「ノー残業デー」の呼称を「残業NGデー」に変え、職員の意識改革をすすめたところ、かなりの意識化ができた、メンタルチェックを定期的に実

施し、各人がストレスを溜めないよう配慮する動きが見られるようになり、職場に笑い声が増え、職員の表情も明るくなった、などの事例が報告されています（傍点部分）。また、産業医の職場巡視があり、現在の安全面の視点だけでなく、起こるかもしれない災害等にも対応した視点で安全点検をすることの大切さを学んだ、という報告もあります。

　職場環境巡視は1回につき1校で時間は15時～16時の1時間程度、市教委作成の「学校安全衛生推進委員会の運営要項（チェック項目）」（資料2）を使って委員会の活動状況をチェックしていきます。

　02年～04年にかけて市衛生委員会の委員だった山下和英さん（現長崎県教職員組合書記長）は当時のことを振り返って次のように話をしてくれました。

　「当時は、学校の安全点検と混同している報告が多くありました。廊下に釘が出ている、あそこの板がささくれているので子どもが走ると危ないといった話が中心でした。また、労働安全衛生法は教職員には関係ないと思っている管理職がけっこういました。あれは、刃物を使うとか大きな工場で機械を使う職場のものだという認識です。そこで、巡視のときに現場の校長、教頭の意識がズレている点などを指摘していく活動を少しずつ10年以上続けて、今現在こういう状態にたどりついています。現場の意識が変わるのは、そのくらい時間がかかります」

　現在の委員である長崎市教組長西総支部書記長の山坂幸三

さんに、2008年に委員についてから、どのようなとりくみをされてきたのか聞いてみたところ、「職場巡視は今まで安全衛生委員会の開催回数の少ない学校にしていましたが、超過勤務が多い学校にも行くようにしたこと」「開催してもその内容は、児童生徒の安全管理や危険個所のチェックなど、的外れなものが多く、学校安全衛生推進委員会の運営要項を作成し、周知をはかったこと」をあげてくれました。

また、「市衛生委員会は市教委で毎月１回開催されています。議題は決まっているのですが、他の委員さんは何も言わないことも多いので、早ければ30分で終わるような状態です。私は毎回、今の学校の課題について現場の意見、状況を話して何とかできませんか？　という話をするようにしています。そうした働きかけがようやく形として現れてきていると思います」というように市衛生委員会の活動の活性化をはかるため、現場で働く者の視点からの意見を積極的に出し、少しずつ成果があがっていると語っています。

**労働安全衛生活動にとりくむ小学校の具体事例**

労働安全衛生活動のとりくみをすすめている横尾小学校校長廣瀬顕さんから成果と課題について聞きました。

【廣瀬校長】労働安全衛生は、自分たちの職場環境のことについてなのですが、論点がどうしても子どものためのことにズレや

廣瀬顕校長

すいのです。そうじゃないよということを言うのですが、なかなか難しいところがあります。しかし、山坂先生がかなり職場環境のことや労災について語ってくださるので意識が変わってきたと感じています。うちの学校では校内の安全衛生チェックを行うようになり、職員の休憩場所がないので女子更衣室にソファを置いたり、男子更衣室には廃棄したベッドを置いて、疲れた先生が休むことができるような体制をとっています。調理室からの配管が防火シャッターの下を通っていて、扉が降りられないようになっていたことに気づきました。そこは市に申し入れたら、すぐに改修になりました。

　管理職が定時退庁のことについて、早く帰りましょうといっても、じゃあ、いつ仕事をするの？　と職員からも意見があります。そのとき、職員からこの日は帰りましょうよって言われたらぼくらもありがたいです。おたがい助かるなと思っています。

　去年から定時退庁日ではなく、残業NGデーと名称を変えました。その結果、みなさん定時に帰ることには意識が向くようになりました。18時くらいには帰るようになってきました。残る職員も1、2名いますが、19時ころにはみなさん帰るよ

うになりました。

――安全衛生推進委員会はどのくらいのペースで開催されているのでしょうか？

　うちは月に1回は話す時間をかならずとるようにしています。最近では、市教委からかならずしなさいという話が来るようになりました。10年くらい前は報告してくれという程度でした。あまり開いていなかったら理由を述べよというくらいでした。最近では1回でも欠けたら理由を述べよと厳しくなりました。

――改善の状態はいかがでしょうか？

　いちばんすすまないのは設備面です。たとえば、更衣室がほしいとか、シャワー室がほしいというのはすすまないです。ただ自分たちでこうしようねというのはそれなりに変わります。たとえば、手洗い、うがいをやりましょうねとか、うちの学校ではしていないですけど、うがい薬を買いましょうというのも実行できました。大きなことではないけれど、そういう変化はだいじにしていきたい。急激に何でもポンと変わるわけではないので、身近なことから変わるかなと思いますね。

　横尾小学校では、教頭の発案で教務担当の教職員が作成する毎週行事予定に、「○○先生バースデイ」と書いてあり、「おめでとう」って声をかけたりすることで職場が和むそうです。

**長崎県教委による「プラス１」推進運動**

　長崎県教組は、県教委に対して、現在、勤務時間の適正管理と多忙化解消に関わって管理職マニュアルなどの対策が出されているものの、活用状況について把握、分析が行われておらず、教職員として効果を感じられる状況に至っていないことから、実効性ある対策を求めてきました。

　この要求を受けて、県教委は、13年度から「プラス１」推進運動をはじめました。この運動は、働きやすい職場づくりのため、現在行っているとりくみに「もう一つ」プラスして、市町村教委、県教委も含めて業務負担軽減のためにとりくむ運動をすすめるというものです。さらに、とりくみの成果を簡素な様式で市町村教委、県教委が集約し、成果が表れた事例については広く学校へフィードバックするとしています。また、成果が表れなかったとりくみは、その「障害」となる課題・問題点の解決に向け、各団体とも協議・検討を行うことになっています。

　廣瀬校長は、山坂さんを通じて「プラス１」推進運動の重要性を再認識し、実行に移しました。その結果、会議をできる限り資料なしで行う「ペーパーレス会議」「連休とりましょう」という提案が一昨年に始まり、目的の実現に近づいています。現場に浸透するには、認知されるまで伝え続けること。現場に推進者がいることの両方が不可欠な要素と言えます。

　「プラス１」運動が始まって３年目に入りますが、山下さんは「『プラス１』推進運動はとりくみの入り口に過ぎません。通

知ひとつで構造的な労働力不足の学校現場が一気に変わるはずもありません。しかし、『プラス1』推進運動に真剣にとりくめば、多忙化解消のための有効な『武器』になると考えています」と運動に期待を込めて話をしています。

　しかし、プラス1推進運動は13年度から始まりましたが、学校現場は基本的に「やったふり」をして、実質とりくんでいない実態や、職員会議で削減する業務を話し合わねばならないところを、話し合いもせず、管理職の判断だけで県教委へ報告をしている事例もあったと山下さんは話してくれました。県教委はその報告を集計し「効果があった」との認識でしたので、県教組は14年、「職員のなかには『プラス1』推進運動という名称すら聞いたことのないものがかなり多い実態だ」と厳しく指摘しました。

　教職員の勤務実態調査については、13年度に実施されました。99年度に実施された調査と比較すると、1月当たりの平均残業時間は小学校の場合、18時間20分から40時間12分に、中学校の場合、35時間32分が73時間20分に増えていました。山坂さんは、「昨年度は夏休みに中学校の分会員の先生方を集めての情報交換会をしましたが、やはり悲鳴をあげています。みんな、もうこれ以上は耐えられないといっています。どうにかして欲しいと感じているようです。中学校は原因の一番が部活です。2番目が生徒指導です。生徒指導と保護者対応が今一体化しています」と深刻な超勤実態のなかで現場はぎりぎりの

山坂幸三さん（左）と労安活動を立ちあげた元書記長高石徹さん（右）

状態にまで追い詰められている様子を話してくれました。

　山下さんは、「削減する業務を職場で話し合って決めたりすること自体がひとつの業務になり、新たな負担であり、しかも、話し合った結果、何も減らせない、あるいは、効果のほとんどない形式的な削減に終わった場合は徒労感が大きいという報告も聞いています」と語っています。現場の率直な声をふまえて、15年春闘要求において、県教組は削減する業務の「モデル」なり「優先順位」を県教組・県教委間で協議し、策定した上で、具体的に現場に示すことを要求しています。超勤縮減にむけて、組合と県教委との交渉・協議が、引き続き、すすめられています。

**労働安全衛生活動をすすめていく上での課題**

　学校現場の労働安全衛生活動を通じて多忙化解消を図っていきたいと考えている山坂さんにどういった課題を感じているのか、お聞きしました。

　「労働安全衛生委員会を開催する回数は増えていますが、職場として超過勤務が総体として減っているわけではありません。私の勤務校だけ見れば若干意識するようになったところはあります。たとえば、産業医の学校訪問も計画的にはしていますが、学校の衛生管理状態がどうなのかとかいう視察だけで、産業医による面談は今まで実例として１回も行われていません。実際、長崎市の中学校で月平均が80時間以上超過勤務している人と100時間以上の超過勤務している人は校長が面談して産業医の受診をすすめる指導をしているようですが、産業医の受診をすることでさらに忙しくなると感じて受けたがりません」

　また、山下さんも「校長に呼ばれて面接を受けたり、産業医の受診をすすめられたりすることを職員自身が自分の意識のなかでペナルティーととらえていることもあります。正直に勤務時間を書くと呼び出されるからちょっと間引いて答えようとか逆方向に行っています。そんな意識のかたがちらほら見られます。自分の命を守るためのものですが、それすらも面倒臭いという状態に陥っているのでしょう。まさに末期的な状態といっても過言ではありません」と話していました。

山坂さん、山下さんの言葉からは、教職員自らの意識改革も求められているという課題も浮き彫りになっています。

　また、山坂さんは行政を巻き込んで活動するためのポイントについても語ってくれました。「長崎で意見を通そうと思ったら、悪いところだけを指摘してもダメです。具体的に提案することです。たとえば、学校訪問は私が委員になる前に行っていたのは、安全衛生委員会の実施回数が少ない学校や公務災害があった学校だけでした。市全体で回数が増えてきたので、今度は勤務時間の長い学校にも行ったらどうかということを提案したらいい感触だったので、対象となる学校をリストアップしてくださいと伝えたらこれもやってもらえました。あとは、教育委員会に対しては、組合から伝えるよりも、労働安全衛生委員会を通じて伝えたほうが形になっていくようです」

　このように課題も山積していますが、組合としては、昨年度末に、市衛生委員会から市教委へ教職員の超勤多忙化解消などの提言をすることを提案しました。15年度中には、定年前退職者の増減や病気休職者数の増減、超過勤務時間の増減をデータ化した上で提言するかどうかも含め検討がすすめられています。また、15年3月の市教委安全衛生委員会で、兵庫県の多忙化解消などのとりくみ事例が紹介され、市教委としてもさらに具体的にとりくむ必要があるという考えを表明しています。

　小学校の学級担任をやりながら支部書記長の任にある山坂さんは、「学校の業務量が多く、正直キツいと感じることがあり

ます。そのため、趣味でワインを始めたりして、バランスをとっています」と話しつつも、先輩の山下さんが語ってくれた経験を、しっかりと引き継いでいます。

　労働安全衛生活動は、けっして目立つとりくみではなく、地味で、成果もなかなか見えないもので、年数もかかります。この長崎のとりくみのように、先輩から後輩へ、人から人へと、活動を活性化するポイントを引き継いでいくことが必要です。

---
**ケース・スタディーⅢのポイント**

◇1　市教委が安全衛生委員会を設置、毎月開催し、各学校の安全衛生活動の状況を報告させている。
◇2　組合が教委に対して具体的な超勤多忙化解消策を提案している。
◇3　組合役員の世代交代の度に労働安全衛生活動の継承が行われている。
---

ケース・スタディーⅣ　岩手県北上市

# 人を動かすためには、
# まず形を作って見せることから
議会もまきこんだとりくみ

　労働安全衛生の仕組みはできているが、実態として機能していないという悩みや、服務監督者である市町村教委にもっと意欲的にとりくんでほしいなどの課題を抱えている場合が多くあります。そのような時、組合としてどうやって現状を変えていくか、一事例として岩手県北上市におけるとりくみを紹介します。

### 議会でも積極的にとりあげる

　法律によって安全委員会は規模と業種により、衛生委員会は業種を問わず50人以上の労働者を雇用している場合に設置が義務づけられています。しかし、岩手県北上市内には、一校で50人以上の教職員が在籍する小中学校はほとんどありません。
　そこで05年4月1日に定められた北上市立学校教職員安全衛生管理規程（資料1）では、市全体の小中学校を1つの事業所とみなし、教育委員会、教職員代表、産業医、職員団体から

## 資料1　北上市立学校教職員安全衛生管理規程の概要

### 1　制定の趣旨

労働安全衛生法に基づき、小学校及び中学校に勤務する教職員（県費負担職員に限る）の安全と衛生を確保するとともに、快適な職場環境の形成を促進するため、北上市立学校教職員安全衛生管理規程を定めました。

> 労働安全衛生法は、学校等の業種の場合、常時1000人以上の労働者を使用する事業場について適用になるものですが、近年、学校現場で働く教職員の健康問題が大きな課題となっていることから、市内の小中学校を一つの事業場として捉え、事業者（教育委員会及び学校長）と労働者（県費負担の学校教職員）が協力し合い、労働安全衛生法の規程に準じて教職員の健康確保と快適な職場環境の形成に努めることにしたものです。

### 2　事業者と労働者の責務

≪事業者≫教育委員会・学校長（以下、「教育委員会等」という。）
◎労働安全衛生法及び安全衛生管理規程に定める事項の実施
◎安全と健康を確保するよう努めること。

≪労働者≫教職員（以下、「教職員」という。）
◎安全及び健康の確保のための措置に協力すること。

### 3　安全衛生管理体制

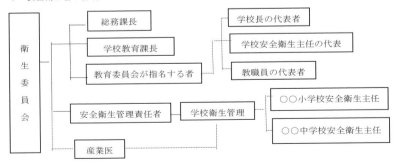

構成される北上市立学校衛生委員会（以下、市衛生委員会）が設けられ、教育委員会が事務局をつとめることになっています。

　特徴的なこととしては、第1条（趣旨）において「県費負担教職員の安全及び健康の確保に関し必要な事項を定めるものとする」としてある点が挙げられます。市職員の安全、健康に関わる管理規程をそのまま学校へあてはめるのではなく、学校現場の実情を踏まえた安全衛生体制をつくるために、あえて県費負担教職員を対象とした者に限るとされました。特に、学校現場では、教職員の始業・終業時刻記録と記録した書類を3年間保存する義務（労働基準法第109条）が果たされていないなどの問題点があります。市衛生委員会の活動を通じて、このような問題点の解決を図っていくというねらいがあるのです。

　この管理規程を策定するにあたって、北上市議会でとりあげられた質疑も後押しとなりました。当時の議会議事録（04年12月議会）には、次のような記録が残っています。北上市議会議員である八重樫善勝議員の質疑を抜粋したものを紹介します。

——八重樫議員　「北上市教育委員会安全衛生管理規程の整備について3点にわたり質問いたします。教職員の労働安全衛生管理規程が未整備であることから、職場環境や健康問題など未然防止の対策がとられていないように感じられます。学校の設置者や管理者には、教職員の安全と健康を確保し、快適な職場環

境づくりを推進する責務があることから、安全衛生管理責任者及び衛生責任者等を明確にして教職員の安全衛生健康意識を高めることが急務であると考えます。そこで、質問の１点目ですが、北上市教育委員会安全衛生管理規程、これは仮称でございます、の整備の進捗状況をお伺いします。

　２点目は、公表や周知を初めとする今後のすすめ方についてお伺いしたいと思います。３点目は、市内小中学校における、いわゆる心の悩みと呼ばれる精神疾患が増加しているのではないかと懸念されます。他の自治体において、安全衛生管理規程を整備し、教職員のメンタルヘルス相談窓口を開設したことにより成果が出ているとの報告を見聞きするにつけ、一刻も早い規程の整備が望まれます。市内小中学校における精神疾患の実態は、どのような数値になっているのか。数値の把握をしているとすれば、今後のメンタルヘルスのあり方をどのように考えているかお伺いいたします」

――教育長　「安全衛生管理規程についてお答えいたします。教職員の安全管理規程については、教育委員会職員を含めた北上市職員管理規程とのかかわりがあり、若干整備に時間を要しておりますが、北上市立小中学校教職員を対象とした規程を年度内に整備することとしています。また、いわゆる心の病の実態につきましては、小学校、中学校とも数名の病気休暇や休職者がおります。メンタルヘルスについては、県教育委員会が講習会を定期的に開催し、全職員に受講を義務づけており、市教

育委員会でも積極的に受講するよう呼びかけております」

　その後、八重樫議員は、09年3月議会でも、管理規程がうまく機能しているかどうかといった点について質疑を行いました。

――八重樫議員　「県内的には、早い時期の学校教職員安全衛生管理規程の施行や学校衛生委員会の設置、産業医の配置、これは平成21年度からのようでございますが、その実現など教育委員会のとりくみに感謝を申し上げたいと思います。市内教職員のいわゆる心の病、精神性の疾患の実態はどのようになっているかお知らせください。平成17年度より北上市立学校教職員安全衛生管理規程が施行されておりますが、この規程が機能しているのかどうかお伺いしたいと思います。機能していないのであれば現状をお知らせください。

　さらに、平成20年4月より常時50人未満の労働者を使用する事業場も含め、すべての事業場に面接指導等の実施が義務づけられてまいりました。具体的にどのような体制を確保しようとしているのかお示しください」

――教育長　「当市における教職員の精神疾患の動向は、平成18年度の病休、休職者は7人、平成19年度は3人、平成20年度は5人となっており、今年度5人のうち2人は既に職場復帰しておりますし、1人も4月1日から復帰する予定となっております。学校現場においては、教職員の多忙化や職場や保護者

との人間関係などによるストレスが増加傾向にあることから、県教育委員会においては昨年度に引き続き、今年度もメンタルヘルス講習会が開催され、校長、教頭を初め13人の教職員が受講しております。北上市立学校教職員安全衛生委員会の状況についてでありますが、安全衛生委員会は3月10日に行われております。また、教職員の長時間労働に係る医師による面接指導や健診結果の相談指導に対応するため、産業医を平成21年度から委嘱することで準備をすすめております」

　労働者の安全、健康を守る労働安全衛生活動が重要であるとわかっていても、往々にして他の教育施策と比較すると、扱う優先順位が下がってしまう傾向が多々あります。しかし、議会での質疑を通じて、事業者である教育委員会の自覚を促すと同時に、議会の関心を高めていくことができます。

### 学校現場への理解をどう広げるか
　北上市における労働安全衛生活動をすすめるにあたっては、岩手県教組和賀支部(以下、支部)が牽引力になってきました。支部は、八重樫議員との連携のもとで議会質疑や市推進委員会の一員として、多忙化解消に向けて積極的に提言を行ってきました。
　そのとりくみについて、支部書記長の多田啓さんが、15年2月に開催された日教組第64次教育研究全国集会において岩

手県の代表として「多忙化解消に向けた取り組みのレポート」を発表しました。報告では、市衛生委員会で支部からの提案が生かされ、「教員の多忙化問題に関する提言」がまとめられた経過が発表されました。報告と多田さんからの取材をもとにそのときのようすを再現してみました。

　第2回市衛生委員会（13年9月6日）では、13年7月、1か月間の勤務時間状況の調査結果（土日、持ち帰りを含まない）が市教委から報告された。それによると、時間外勤務の平均時間は、小学校で32.8時間、中学校は51.0時間であった。業務内容は、小学校は生徒指導が65％、学校運営が32％、中学校は生徒指導が39％、学校運営が27％、部活動が29％の割合を占めていた。

　成果として、①時間外勤務の全体的な把握ができた、②一人ひとりの超勤時間を把握することができた、③各自、時間外勤務を意識するようになった、などがあげられていた。支部からは、調査自体が目的化しており、調査結果を分析し、超勤削減に向けたとりくみにつなげていかなければ意味がないと指摘。また、対策案をこちらが提示することも可能であることも伝え、市衛生委員会として了承された。

　支部は、第3回市衛生委員会前に市教委交渉を行い、岩手県教職員組合（以下、岩教組）が実施した超勤実態調査をもとに、会議などを圧縮し、教材研究や成績処理が放課後にできるよう

にするための取組案、職場実態を踏まえた多忙化解消に向けて各学校にも安全衛生委員会設置が必要であると求めた。

　第３回市衛生委員会には、事務局と支部から対策案が提示され、協議が進められた。委員の一人から「年度内に第３回目を開き、さらに具体策について協議した方がいいのではないか」という意見が出て、第３回目の市衛生委員会が開催されることになった。例年年２回のペースで開催されていた市衛生委員会の流れが変わった瞬間だった。

　第３回市衛生委員会では、「多忙化問題の解消に向けた取り組み（案）」が事務局から示された。その案には、和賀支部からの提案が反映されており、委員会として了承された。

　14年５月に市教委は「教職員の多忙化問題に関する提言」として各学校に通知しました。通知（資料２）には、提言を実効化するために、校長が中心となり、校内に衛生委員会などを設置するとりくみも呼びかけています。

　支部が、第２回市衛生委員会において提案した内容は、県教委が09年３月に示した「『教職員の負担軽減に向けて』の提言」を参考にまとめたものでした。多田さんは、「13年第２回市衛生委員会前に、支部に多忙化解消に向けた具体策について協議するために各委員で対策案を事前に考えるように、と連絡がありました。そこで対策案の資料を作りました。このときの資料には県教委の提言を活用しました。なぜ使ったかというと、よ

資料2　教職員の多忙化問題の解消に向けた取り組みについて

26 北教学廸 188 号
平成 26 年 5 月 30 日

北上市立小中学校校長　様

　　　　　　　　　　　　　北上市教育委員会
　　　　　　　　　　　　　教育長　小原　善則

　このことについては、岩手県教育委員会教育長通知（平成 21 年 3 月 31 日付教企第 979 号）により、これまでも各学校において、積極的な取り組みがなされているところと思います。市教育委員会も勤務時間外状況の実態調査や多忙化問題の解消に向けた啓発に取り組んできたところです。
　こうした中、北上市立衛生委員会からの多忙化解消に向けての提言が別添のとおりとりまとめられました。
　ついては、教職員が本来の業務に創意・工夫を凝らし、子どもと向き合う時間をより確保して、意欲的に働きやすい環境をつくり出すため、当該提言に沿った取り組みを推進するようお願いします。
　なお、この取り組みを行う際には、校長が中心になり、校内に衛生委員会を設置したり、又は学校運営委員会、職員会議等の既存組織を活用しながら安全衛生主任と連携して推進していただくようお願いします。

　　　　　　　　　　　　　担当　学校教育課　　〇〇

り伝わるもの、受け入れやすいものにするためには、県のお墨付きじゃないですが、県でも言われていることを含めたほうがいいだろうと思ったからです。とはいえ、提言をいくら出したとしても実際に現場でどう使われるかが大事だと思っています。だからこそ、現場でも考えてやっていこうということを最終的にねらってつくりました」と語ってくれました。また、「県教委提言は、私が現場にいたころには、どこかにあったと思いますが見たことがなかったのです。つまり現場に浸透していな

かった」とせっかく作られた様々な施策が現場に浸透していない状態を変えたいという思いがあり、県教委や市教委のとりくみと現場のギャップをいかに埋め、連動した動きを生み出していくか、という課題意識から生まれたとりくみと言えます。

**超勤多忙化解消の一歩は実態調査から**

これまで県教委は、多忙化解消に向け下記のような提言などを示しています。

各種提言
◎05年12月：県立学校の多忙化問題検討委員会からの提言
県教育委員会は14年10月、県立学校（高校・盲聾養護学校）の教員（教諭・養護教諭・実習教諭）を対象に教員の勤務実態調査を実施（回収率85.7％）。それをふまえ、12月28日に提言。
◎07年3月：小中学校の多忙化問題検討委員会からの提言
06年10月13日に小中学校の多忙化問題検討委員会設立。翌年3月に提言。
◎09年3月：『教職員の負担軽減に向けて』の提言
08年7月に「多忙化解消ワーキング・グループ」を設置、09年3月に提言「教職員の負担軽減に向けて」がまとめられ、各学校に配布。

同0・1ポイント高の4・9％、「80時間以上100時間未満」は同0・2ポイント高の3・8％と増加した。

県教委の金田学教職員課総括課長は「状況はあまり変わっていない。(教務、進路など)事務に要する時間が依然多いほか、自分の専門外の部活指導が負担で〔時間外勤務が少なくても〕多忙感を感じる人もいる。数値目標の設定など強制力のある対策も難しい」と説明。多忙の感じ方や勤務時間は個人差が大きく、対策の徹底を困難にしている。

14年公表の経済協力開発機構(OECD)調査で日本の教員は1週間の仕事時間が、対象34カ国・地域中で最人の負担軽減に向け県教委が2009年3月に示した『「教職員の負担軽減に向けて』の提言」での主な対策

◎校務分掌(教務、進路など)の見直し、平準化
◎教材等の共同活用
◎部活動休養日の徹底
◎部活動についての保護者の共通理解の促進
◎研究指定の重点化、精選

県高教組の藤沢大書記長は「多忙化は職場のチームワークを崩し、健康を害する危険にもつながる。現場の働き方に反映される協議にしたい」と語る。

◎精神性疾患による療養者への職場復帰支援
◎県教委の通知文書、調査・照会文書の精選

間の自宅持ち帰りも慢性化している。
教員が子どもたちと向き合う時間をどう確保するか―。3者協議は、現状と目標に関する認識の共有や、実行力の担保が鍵を握る。

### 管理職研修の充実

◎14年「新任副校長研修」開催(岩手県人事委員会主催)

労働基準法・労働安全衛生法の概要、教職員への適用、公立学校にも適用される具体的な義務や規制の事例紹介。

◎14年「教職員をめぐる安全衛生管理研修会」開催

従来の高校の管理職だけではなく市町村教委担当にも対象を広げて実施。労働安全衛生管理の基本、メンタルヘルス対策等。

資料3　2015年1月13日『岩手日報』

## 教職員多忙化解消へ本腰

### 県教委、岩教組、県高教組
### 本年度中に3者協議
### 対策別の分科会も設置

県教委と岩教組（砂金良昭委員長）、県高教組（沢瀬清巳委員長）は本年度中に教職員の多忙化解消に向けた3者協議を開始する。県教委の調査によると、県立学校教職員の時間外勤務の時間数はほぼ横ばい状況で、改善は進んでいない。会議・研修の統廃合、部活動の休養日設定など対策が十分に効果を上げず、数値目標の設定も厳しい中、実効性のある対策を打ち出せるか注目される。

3者協議は県教委の労務や学力、スポーツなどの担当各課と両教組の実務者約10人が参加。全大会のほか、部活動など対策別の分科会を置く予定だ。

県教委が多忙化解消に向け、組合側と協議の場を設けるのは2008年度以来。高橋嘉行教育長は昨年暮れの教職員向けメッセージに多忙化対策を盛り込んでおり、その具体的な動きとなる。

県教委が12年度から県立学校の全教職員向けに行う調査では、1人当たり月平均時間外勤務は12年度25・9時間、13年度23・8時間。月100時間以上の割合は5・3％から4・9％に改善した。

一方、最新集計の14年7～9月期では、1人当たり月平均は前年同期比0・8時間減だったが「100時間以上」の割合は

---

これら県教委のとりくみは、岩手県教組、岩手高教組からの多忙化解消の要求、交渉を経て実施されてきたものです。県立学校教職員の時間外勤務の時間数はほぼ横ばいの状況で、改善がすすんでいないことから、15年度より県教委、岩手県教組、岩手高教組は、多忙化解消の3者協議をすすめることとなりました。（資料3）

県教委や北上市の事例にもみられるように、超勤解消へのと

りくみをすすめるには、まずは実態把握からはじめることが必要です。北上市の校長会の会議でも、超勤調査の一番の趣旨として学校を司る管理職が中心になって曖昧にされがちな時間外勤務の現状を数値的に把握し、各学校において教職員の状況をふまえながら改善できるところからはじめることが確認されたようでした。

**学校に労安体制を整備する**

多田さんが書記長になった12年当時の北上市内の小中学校で労働安全衛生委員会を設置できていたのは4校でした。その後、その数は約2倍に増えました。委員会が形になっている学校とそうではない学校の違いはどこにあるのでしょうか。多田さんに聞きました。

「ポイントは2つあります。ひとつは、中心となって動いた人がいたということ。もうひとつは、どのくらい立場を認識しているかは別として、理解を示して一緒に動いた管理職がいたということですね」

その上で、職場に安全衛生委員会を立ち上げる支援をどのようにすすめられていったのか聞きました。

まず第1に大切なことは、推進者として動いてくれそうな人がいる分会から集中してとりくんだことです。支部として、支部の執行役員やリーダー的な人がいる分会を選び、その人たち

に積極的に話をしていきました。その際、真っ先に言われるのは、「どうやって作ればいいの？」「規程はどうするの？」「立ち上げるっていうけど何か大変そうだな」という言葉だったそうです。これが第2に大切なことなのですが、はじめるうえでできる限りハードルが低く感じられるように伝えていくことを意識し

多田啓さん

ています。「すでにできている規程を真似して名前を入れれば、それで完成です」ということを伝え、できる限り負担が増えないものとして認識されるよう努力しています。また、北上市の場合は、市の管理規程があるため、市の例を使い、管理規程を作ることは市でもとりくんでいることであり、当たり前のこと、という意識づけもしていきました。

　また、現場の管理職からは「いいことなのは分かるけど、市教委からぜひすすめるように言ってもらえると助かる」と言われたこともあり、先に紹介した市教委通知（資料2）に、「なお、このとりくみを行う際には、校長が中心となり、校内に衛生委員会を設置したり、又は学校運営委員会、職員会議等の既存組織を活用しながら安全衛生主任と連携して推進していただくようお願いします」という文言を入れることになったのです。

　多田さんは、労働安全衛生に関するとりくみが「いかに現場

で実行されるか」を意識し続け、労働安全衛生委員会が設置されるように働きかけています。

**衛生委員会が設置された学校では、何が契機になったのか？**
◆Z中
13年4月スタート時に、職員が2名病休で、2人欠員の状態という非常に厳しい状況でした。そして、安全衛生委員会の整備にとりくんでいた隣の支部に話を聞きに行きました。その結果、「私たちも立ち上げていかないといけない」という機運が高まり、分会会議を開いて、全員一致で校長交渉をすすめることになりました。

◆X中
職場での安全衛生委員会立ち上げに関する支部からの提起を受けて、13年度に職員会議で提起がされました。それ以来、支部として設置の参考になる資料を作り、委員会を作ることはおかしいことではないと伝え続け、話をすすめているそうです。

◆I小
13年の4月の職員会議で、釜石から転入してきた若い教職員が学校運営計画の諸会議運営要領の中に衛生委員会がないことを指摘しました。校長は以前勤めた学校での体験で、安全衛生についての認識があり、その指摘を受けて衛生委員会が立ち上

がりました。何回かの会議を経て、職員の負担軽減のために、①会議資料前日配布による職員会議の時間短縮、②部長会議の廃止、③これまで担任が手書きしていた「健康の記録」をデジタル化するといった対策が行われ、少しずつ成果が現れています。

### なぜ労安活動を続けられているのか

多田さんに労安体制整備に向けてコツコツととりくみを続けている理由を聞くと、「労安体制確立にはこれまでの支部役員も苦労しています。近くの市町村でやっているところがあると引き合いにだせるのでやりやすい。一関で、北上で、盛岡でというぐあいに。ここで頑張ることが支部の組合員たちの動機づけになればという想いでやっています」と語ってくれました。

労安体制整備のとりくみは一つ一つの小さな積み重ねを続けることで、教職員の理解が広がり、それが全体に影響を及ぼしていく。北上市のとりくみはそれを教えてくれています。

---

**ケース・スタディーⅣのポイント**

◇1　地方議会質疑で教育現場の超勤・多忙化解消、労働安全衛生体制の整備、活性化を取り上げている。
◇2　組合は、県教委による超勤・多忙化解消策に加え、組合独自の調査結果も踏まえた「解消案」を市教委へ提案している。
◇3　組合役員が、超勤・多忙化、労働安全衛生体制の整備・活性化をはかるための戦略を描いている。

ケース・スタディーV　神奈川県川崎市

# 教職員のメンタルとフィジカルを支える「健康推進室」の活動
職場環境巡視を活用した教職員健康管理の活性化

　産業医などによる職場環境巡視活動（以下、巡視）が全国的にも拡がってきました。産業医を選任することや産業医による巡視は労働安全衛生法で定められていますが、地域によっては産業医の数が少ないこと、事業主である教育委員会の認識が低いことなどもあって、最近になってやっと、選任率も上がってきたところです。

　そのような中で川崎市では、過去20年にわたって産業医の巡視を活用した健康管理の活性化をすすめています。また13年度からは、職場環境改善事例を集め、それを市内全学校へフィードバックするＧＰ（グッド・プラクティス）の活動をとりいれるなどの工夫もしています。

### 川崎市の安全衛生管理体制
　川崎市では、1990年代前半から学校給食調理場で働く調理員に多発していた「指曲り症」に対して、労働科学研究所が川

崎市から委託を受けて対策と労働安全管理体制整備の支援をすすめてきた歴史があります。現在では、①教育委員会事務局職員・社会教育施設職員・学校用務員、②給食調理員・学校栄養教職員、③県費教職員・市費教員の3グループ毎に安全衛生委員会が設けられ、それぞれの職場や職務の実情に応じた安全衛生管理がすすめられるよう工夫されています。

　県費教職員、市費教員の安全衛生活動については、川崎市立学校教職員安全衛生委員会（以下、市安全衛生委員会）で調査審議が行われます。委員長は市教委職員部長、事業主（教育長）指名委員として小中高、特別支援学校校長会代表、産業医2名、川崎市教職員組合（以下、市教組）推薦の教職員代表委員から構成されています。事業主指名委員、市教組推薦委員は各10名と労使のバランスがとれた構成となっています。

　また、29名（15年度）の現場教職員が衛生推進担当者として教育長から任命され、産業医などが行う巡視とは別に職場環境巡視活動に携わっています。さらに、教職員50人以上の学校には、学校安全衛生委員会、50人未満の学校には職場安全衛生検討会が設けられています。06年度から健康推進室も設置され、専門的な知識、資格を有する精神保健相談員が常駐し、教職員からの心身の相談活動などをすすめています。

**職場環境巡視についての独自のとりくみ**

　川崎市立小中高、特別支援学校は179校あり、産業医による

巡視は教職員数50人以上の学校は毎年、50人未満の学校は3年に一回行われます。巡視は、産業医と共に市安全衛生委員の代表と事務局職員が行い、一校1時間程度をかけて職場環境を視察し、その後に産業医と衛生推進者（教頭等）、校長との懇談が行われます。なおその際、月に100時間以上の時間外勤務をした教職員は、希望すれば面談が受けられます。

　産業医などによる巡視以外にも、29名の衛生推進担当者により毎年、全校を対象にした巡視も実施され、安全衛生活動の現状や課題についてヒアリングが行われています。環境整備などが必要な点について、市教組はヒアリング結果をもとに教育予算要求活動や多忙化解消などの勤務条件の改善のとりくみをすすめています。

　川崎市では産業医巡視の際に独自のとりくみが行われています。巡視の1か月前に、メンタルヘルス状況に対する組織評価と職場環境状況についての無記名の事前調査票（資料1、2）を配布し、それらをチャート化（資料3）して巡視時の懇談に活用しています。調査票からは、職場環境、睡眠・職場の支援、業務負担状況の3つの項目を1枚のデータチャートにして出力することができます。このデータチャートは各校だけではなく市全体の傾向も示されているため、各校の管理職は絶対評価ではなく、相対評価で自校を捉えることができるのです。そして、巡視の時にはこのチャートと実際に職場を観察した結果をもとに管理職と懇談を行い、現状の把握とそれに基づく対応等の指

導啓発に活かしています。

　巡視を担当している産業医の山本健也医師は、「このデータを見て、管理職が職場をどう改善をしていくか考えるキッカケになればと思っています。また、川崎市では年に2回、職場安全衛生検討会を各校でやることがルールになっているので、その学校の状況に適した"話し合いのテーマ"を提供することになればとも思っています」とその効果を説明されました。ただ、課題もあります。「提供した結果や提案をどう活用したか、ということまでは厳密な介入はしていないので、管理職や職場の解決力に頼っているのが現状です」と山本医師が語るように、現場がこうしたデータチャートを上手に活かしていくためのとりくみを求めて、試行錯誤が続いています。

**個人ではなく組織（集団）としてのメンタルチェックを
実施するのはなぜか**
　メンタルヘルス対策というと個人を主眼においてしまいがちですが、なぜ個人ではなく組織評価、つまり集団評価をすることになっているのでしょうか。山本医師は、次のように話しています。「川崎市は6000人近くの教職員がいますが、健康推進室には医師が2人とカウンセラーが3人、全員が嘱託です。従って、アンケート等の結果に基づいて個々人のストレス状況に対応するのは、マンパワー的に難しい。しかし、無記名式であっても集団として職場全体のストレス状況やその背景がわかれば、解決策につながると考えています」

資料1　川崎市教育委員会職場巡視　事前調査票（学校管理者用）

# 川崎市教育委員会職場巡視　事前調査票（学校管理者用）

この調査票は、産業医による職場巡視を実施するにあたり、事前に学校の状況を把握する目的で行います。ご協力をいただけますようお願い申し上げます。

1) 学校名をご記入ください。　　　　　　　　　　　　　　　　　（小・中・高等・聾・養護）学校
   管理職氏名をご記入ください　　　　　　校長氏名
   　　　　　　　　　　　　　　　　　　教頭氏名

2) 学校の職場環境についてお答えください。
   a) 過去3年間に実施された職場環境改善事例がありましたら、お書きください。

   | | 場所 | 改善内容 | 実施した方々 | 概算費用 |
   |---|---|---|---|---|
   | ① | | | 教職員・児童生徒・PTA・地域ボランティア・業者・その他 | |
   | ② | | | 教職員・児童生徒・PTA・地域ボランティア・業者・その他 | |
   | ③ | | | 教職員・児童生徒・PTA・地域ボランティア・業者・その他 | |
   | ④ | | | 教職員・児童生徒・PTA・地域ボランティア・業者・その他 | |
   | ⑤ | | | 教職員・児童生徒・PTA・地域ボランティア・業者・その他 | |

   b) 現在の学校の職場環境の課題について、以下の方法に従って○をつけてください。
   　 i ) まず「今のままでよい」か「改善が必要」のどちらかに○印をつけて下さい。
   　 ii) 次に、「改善が必要」に○印をした項目の内、優先度が高いとお考えの項目は「優先する」に○印をつけて下さい。

   | 場所 | 環境改善要因 | 今のままでよい | 改善が必要 | 優先する | 場所 | 環境改善要因 | 今のままでよい | 改善が必要 | 優先する |
   |---|---|---|---|---|---|---|---|---|---|
   | 職員室 | 部屋の広さ | □ | □ | □ | 職員更衣室 | 職員室からの距離 | □ | □ | □ |
   | | 通路の広さ | □ | □ | □ | | 部屋の広さ | □ | □ | □ |
   | | 照明・採光 | □ | □ | □ | | シャワーの衛生状態 | □ | □ | □ |
   | | 什器（机・椅子） | □ | □ | □ | | 洗面台の衛生状態 | □ | □ | □ |
   | | 電気配線・床コード | □ | □ | □ | | 整理整頓 | □ | □ | □ |
   | | 給湯設備 | □ | □ | □ | | 清掃状況 | □ | □ | □ |
   | | パソコン作業ブース | □ | □ | □ | | 温湿度環境 | □ | □ | □ |
   | | 作業スペース | □ | □ | □ | 職員トイレ | ドア | □ | □ | □ |
   | | 休息・談話スペース | □ | □ | □ | | 便座の数 | □ | □ | □ |
   | | 室内の整理整頓 | □ | □ | □ | | 洋式便座の設置 | □ | □ | □ |
   | | 机周辺の整理整頓 | □ | □ | □ | | 臭気・換気状況 | □ | □ | □ |
   | 事務センター | 部屋の広さ | □ | □ | □ | | その他（　　　） | □ | □ | □ |
   | | 照明・採光 | □ | □ | □ | 保健室 | 広さ | □ | □ | □ |
   | | 整理整頓 | □ | □ | □ | | 照明 | □ | □ | □ |
   | | 什器（机・椅子） | □ | □ | □ | | 什器（机・椅子） | □ | □ | □ |
   | | 電気配線・床コード | □ | □ | □ | | 整理整頓状況 | □ | □ | □ |
   | | 作業スペース | □ | □ | □ | | 室内のコーディネート | □ | □ | □ |
   | 印刷室 | 職員室からの距離 | □ | □ | □ | | 洗面台・洗濯機周辺 | □ | □ | □ |
   | | 広さ | □ | □ | □ | | 照明 | □ | □ | □ |
   | | 印刷機のレイアウト | □ | □ | □ | 教室 | 温湿度 | □ | □ | □ |
   | | 用紙の保管状況 | □ | □ | □ | | 授業用具の整理整頓 | □ | □ | □ |
   | | 温湿度 | □ | □ | □ | | その他（　　　） | □ | □ | □ |

   iii) その他、優先度の高い「要改善」箇所がありましたら、お書きください。
   [　　　　　　　　　　　　　　　　　　　　　　　　　　　　　　　　　　　　　　]

3) 教職員の健康状態についてお書きください。
   a) 療養（病気）休暇の取得人数（3ヶ月以内）　　（　　　　　）名
   b) 最近の貴校の教職員の健康状態についてお教えください。
   [　　　　　　　　　　　　　　　　　　　　　　　　　　　　　　　　　　　　　　]

4) 職場ストレス対策として、管理職としての取組み内容をお聞かせください。
   [　　　　　　　　　　　　　　　　　　　　　　　　　　　　　　　　　　　　　　]

5) 職場の心身の負担軽減のためのアイデアがございましたら、お聞かせください。
   [　　　　　　　　　　　　　　　　　　　　　　　　　　　　　　　　　　　　　　]

　　　　　　　　　　　　　　　　お忙しい中、ご協力をいただきありがとうございました。

資料2　事前調査票（教職員用、一部）

## あなたの職場と心身の負担感に関するアンケート

### １５分であなたの職場の健康度を

> 本アンケートは、教職員安全衛生委員会での了承に基づき、健康管理・増進を目的に実施いたします。
> 個別結果は医療スタッフ産業医のみが取扱い、それ以外の方への公表や・閲覧許可は致しません。
> 集団集計結果は学校における安全衛生管理活動に活用いたします。また、教職員の健康管理における基礎資料として活用することがありますが、その際にも集団データとして取扱われるため、プライバシーや個人情報は保護されます。もしご同意いただけない場合には、調査票を提出いただかなくても結構です。
> 趣旨をご理解のうえ、ご協力をいただけますようお願いいたします。
>
> 川崎市立学校教職員安全衛生委員会

まず、以下の欄にご記入ください。

| 記入日 | 平成　　年　　月　　日 | 年代 | 20代・30代・40代・50代・60代 |
|---|---|---|---|
| 職種 | 校長・教頭・総括教諭・養護教諭・教諭・事務職員・栄養職員 | 性別 | 男性・女性 |
| 担任等について（教諭のみ） | 学級担任を・・・（している・していない）<br>教科指導を・・・（している・していない） | 本市での経験年数 | 　　年 |
| | | 現在の学校での在任期間 | 　　年 |

続けて、以下の質問にお答えください。

**A：　あなたの普段の生活についてお伺いします。最もあてはまるものにレ印をつけてください。**

| | | | | | |
|---|---|---|---|---|---|
| 1. あなたの平日の睡眠時間はどれくらいですか？ | 4時間未満 □ | 4-5時間 □ | 5-6時間 □ | 6-7時間 □ | 7-8時間 □ | 8時間以上 □ |
| 2. 平日の起床時に「よく眠れた」と感じていますか？ | | | いつも □ | かなり □ | 時々 □ | 全くない □ |
| 3. あなたは何らかのストレス解消法を持っていますか？ | | | ある □ | ない □ | | |
| | | | できている | まあまあ | あまりない | 全くない |
| 4. あなたは日々の疲れを、翌日までに解消できていますか？ | | | □ | □ | □ | □ |
| 5. あなたは日々の疲れを、翌週までに解消できていますか？ | | | □ | □ | □ | □ |
| 6. あなたの通勤時間はどれくらいですか？ | | 30分以内 □ | 30分-1時間 □ | 1-1.5時間 □ | 1.5-2時間 □ | 2時間以上 □ |
| 7. 育児や介護をしていますか？ | | | している □ | していない □ | | |

**B：　あなたの職場の環境と作業の方法についてお伺いします。あてはまるものに〇印またはレ点をつけてください。**

**１）職場環境全体の評価**

| | 悪い | やや悪い | ふつう | 概ね良い | 良い |
|---|---|---|---|---|---|
| 1. 職員室または事務センターの環境 | □ | □ | □ | □ | □ |
| 2. 教室の環境 | □ | □ | □ | □ | □ |
| 3. 職員用トイレの環境 | □ | □ | □ | □ | □ |
| 4. 更衣室の環境 | □ | □ | □ | □ | □ |

**２）職員室・事務センターの環境について**

| | いつも | ときどき | ふつう | あまりない | ない |
|---|---|---|---|---|---|
| 1. 部屋が狭くて窮屈だ | □ | □ | □ | □ | □ |
| 2. 室内の温度が快適ではない（暑い・寒い等） | □ | □ | □ | □ | □ |
| 3. 室内が埃っぽい | □ | □ | □ | □ | □ |
| 4. 換気が悪くて空気がよどんでいる | □ | □ | □ | □ | □ |
| 5. 照明が暗くて作業がしにくい | □ | □ | □ | □ | □ |
| 6. 照明や窓からの光がまぶしくて仕事に差し支える | □ | □ | □ | □ | □ |
| 7. 天井や壁の色彩が暗い・汚れていて不快に思う | □ | □ | □ | □ | □ |

次ページに続く

資料3　職場巡視前アンケートチャート図

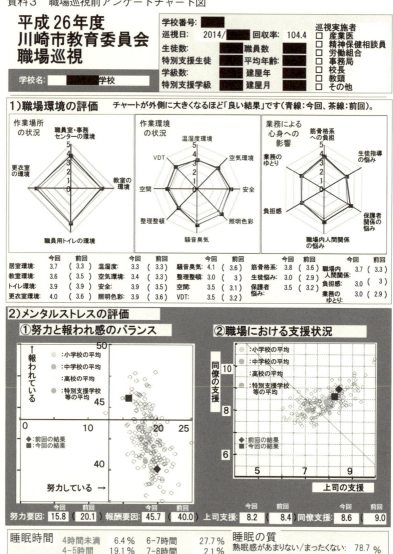

上のチャートが職場環境の評価で、左端が居室、真ん中は物理的な環境要因（暑い、寒い、くさい等）、右端は、負担感や人間関係の悩みを評価し、チャート化したもの。管理職に職場環境の問題点を自覚してもらうことが目的です。下の2つがメンタルストレスの評価です。左側については努力と報われ感のバランスを示したもので、右に行くほど頑張っていて、上に行くほど報われるというチャート。右側は職場内での上司の支援と同僚の支援の関係を示したチャートで、右上にいくほど職場の支援が大きいということになります。全てのチャートで3年前の結果とも比較ができるようになっています。

資料4　職場環境巡視実施スキーム

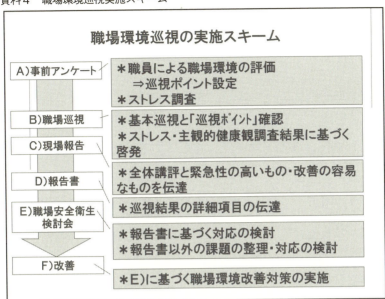

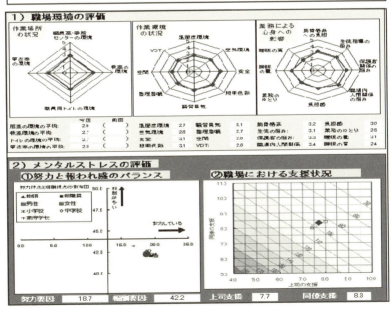

山本医師の話は示唆に富んでいます。労働安全衛生法が改正され、2015年12月1日からストレスチェックの義務化が始まりますが、この制度の主たる目的は、高ストレス状態の背景にある職場環境を明らかにし、その環境整備を行うことです。特に学校の場合、同僚間の支援、協力・協働体制等のいわゆる「同僚性」があるかは、教育に最も影響することですから、「職場の支援」を調査項目に取り入れて職場環境改善につなげている川崎市の巡視のとりくみは、参考になります。

### 成果事例を集約し、フィードバックする

　川崎市教育委員会では、労働安全衛生活動の一環として13年度から巡視の中に「グッド・プラクティス（資料5）事例収集」をとりいれています。これまでの環境巡視は、良くない点を指摘するというスタイルでしたが、発想を変えて、安心・安全で快適な職場環境づくりをすすめている好事例を探し出すという活動です。好事例を集め、それを各学校へフィードバックすることで、主体的に快適な職場環境づくりをすすめていくようになることが期待されています。

### 安全衛生活動のコーディネーター役の存在

　山本医師から「学校現場の労働安全衛生活動の充実にはある程度の時間が必要」と聞きました。その理由は、労働安全衛生管理体制の充実を図ることは一朝一夕でできるものではなく、

資料5　グッド・プラクティス事例

安全管理

□1　　　　小学校
〈その他の候補〉
■WCの観葉植物
■雰囲気の良い職員室
など
教室後方に棚がない
→狭い棚に乗ることによる転落リスクがない

□2　　　　小学校
〈その他の候補〉
■事務センターの見易い掲示
■行きたくなる更衣室
など
曇りガラスの安全対策

□3　　　　中学校
〈その他の候補〉
■マッサージチェア導入
■汚さない工夫
など
バリアフリーの工夫

□4　　　　中学校
〈その他の候補〉
■業務用冷凍庫購入
■WCの花
■印刷室内の表示の解りやすさ
など
ミストシャワーの設置

衛生管理

ケース・スタディーV　神奈川県川崎市

継続性が求められる一方で、その中心的な担い手である学校管理職や教育委員会の担当者の任期は2～3年であり、継続的なとりくみがなかなか進まないことが多いからです。環境にも慣れ、人間関係もできてきて、いざすすめていこうというときには人事異動が待っています。これでは労働安全衛生活動において成果を出すにはなかなか至りません。

　そこで、川崎市では労働安全衛生活動をすすめるための組織として「健康推進室（以下、推進室）」を06年度に整備しました。それまで健康診断票等の対応窓口だった「健康管理室」に精神保健に関する教職員の相談窓口を開設し、専門的な知識、資格を持った精神保健相談員を配置しました。それに伴い「健康推進室」と名称を変え、教職員のメンタルとフィジカルの健康管理を支援する組織として活動をスタートさせたのです。推進室が学校と教育委員会の間に立ってコーディネート役になることで継続的な関係構築を図れるようになり、現在では教育委員会における産業保健活動活性化の中心的な役割を担っています。そして、この推進室に情報が蓄積されていくことから、年を重ねるごとに様々なとりくみが関係性を持ち、効果が出やすくなる環境ができ上がってきています。

　「川崎の場合は、学校側と市教委側の間に立って労働安全衛生の話ができる組織をつくったことで、うまく機能するようになってきました」と山本医師は推進室の果たしてきた役割を語ってくれました。

### いかにして年間869回も相談に来るようになったのか

　推進室で、心身の相談を受け入れるように体制を整備したものの、開設当初の06年度の来室者は年間の相談者数が7人、延べにして42回でした。それが14年度に推進室に面談に来た人数は1年間で約100人、延べにすると869回となり、ほぼ15倍以上増えていることになります。この飛躍的な数字の増加の裏にはどのような活動があったのでしょうか？　開設当初の相談件数が少なかったことについて、山本医師は「教育委員会の勤労課傘下にあるということや認知度の低さから、相談すると自分の悪い評価につながりかねないと思われたのではないか」と当時のことを振り返って話されています。

　市教委は、推進室の相談事業の周知を図るため、総合教育センターにおける学校管理職等に対するメンタルヘルス研修、初任者研修や職場環境巡視での情報提供、メンタルヘルス研修を希望する学校への精神保健相談員を講師派遣、セルフケア冊子の配布などをすすめてきました。その結果当初のような誤解は解消され、また認知度も推進室設置後5年後には全教職員の70％以上（学校管理職の認知度は90％以上）に向上してきました。

　なかでも一番効果があったのは、産業医、推進室の相談員が一緒に巡視に回っていることです。現場で実際に校長たちと巡視の結果のやりとりなどする中でコミュニケーションが生ま

山本健也医師（左）と健康推進室のカウンセラー

れ、関係性ができていきました。顔が見える関係を時間をかけて築いていくことが必要なのです。

　川崎市教組の粳間雅史書記次長は、「最初は勤労課が絡んでいるので、自分の評価が問われるように感じて、安心していけなかったのだろうと思います。それがこの５、６年で安心して相談できると思うように変わりました。当初は管理職からの強制で行かされるという印象が強かったところから、最近では健康が大事だからいってみたらいいよとフラットに薦められるようになったので相談しやすくなったのかもしれません」と語ってくれました。

　相談件数が増えてきたことについて、山本医師は「対策をしていったらかえって面談者数が増えてしまいましたが、潜在的

な対象となる教職員の掘り起こしをしているのだと思っています。相談員の対応の評判も良いことから、復職後のリピーターも多いですね」とコメントしています。そして「いかに多くの人が相談をしたいと思いながらも、実際には相談にいくところがないという状態だったのかを表すデータでもあります」と指摘しています。

推進室は、病気休職に入った教職員の復職支援も行っています。相談員の一人は「ここに来たことで自分のことが分かったとか、病気になったこともすごくプラスに捉えられるようになったとか、仕事の仕方を変えていくことが必要だったということが分かったとおっしゃられるのを聞いて、私たちも面談して本当に良かったなと嬉しくなります」と話されています。

時間をかけ、一歩一歩とりくみをすすめるなかで、健康推進室が教職員を支援する重要な場へと変わりつつあります。

---

**―― ケースス・タディーⅤのポイント ――**

◇1 市教委に設置された安全衛生委員会には、労使とも同数の委員が任命されている。
◇2 職場巡視活動を活性化するため、安全衛生委員会委員とは別に教育長が衛生推進担当者を任命し、毎年全校を対象とした巡視活動が行われている。
◇3 職場環境整備を目的に職場全体のストレス状況を把握（P.76）し、それをもとに、産業医が巡視の際、管理職と意見交換をしている。

# 教職員の多忙感の解消・労安に必要な視点
5か所のヒアリングから学んだこと

労働科学研究所　酒井一博

　今回、ヒアリングに同行し、久しぶりに教育を担う人をはじめ、教育現場と関わりをもつ人たちから多様な意見を聞くことができました。かれこれ6～7年前が教職員を対象とした調査研究に携わった最後です。率直にいってこれまでとは異なった印象が残りました。

**5者5様、とりくみのきっかけと展開のプロセスに注視**
　これまでは、教職員の業務と超勤の実態を質問紙法によって調べ、いかに働き過ぎか、また、心身の負担がいかに過大なものであるかを明らかにしてきました。その結果、教職員から過労やメンタル不調の訴えが多く、また管理的・事務的なことに多くの時間が取られ、児童・生徒と向き合う時間が十分に取れないなど、さまざまな訴えや意見を聴取することができました。
　調査の結果を踏まえながら、教職員や労組との合議の末、いわゆる「あるべき論」を真ん中におきながら、できるだけ実施

可能な改善案を要求事項としてまとめました。当然、法律遵守の訴えや制度改善の提案も含めてきました。大量のデータを分析しながら、「どう変わらなければならないか」を議論した結果ですので、でき上がった報告書への達成感は決して小さなものではありませんでしたが、社会が動くようなインパクトは残念ながらありませんでした。

今回、兵庫、鹿屋、長崎、北上、川崎へヒアリングに出かけ、教育現場での多忙感解消のとりくみをつぶさに見聞きしたときに、日本全国とはいえないまでも、地域ごとに現地の慣行に根ざした小さな地殻変動を実感することができたことが大きな収穫でした。

先達の学校教育への思いや主張、とりくみを継承しながら、地域の課題に果敢に挑戦している人びとに出会えたことはうれしいことでした。もちろん地域差はあります。しかし、ステップ・バイ・ステップの改善が底流において起こっていたことは各地で共通していました。そしてとりくみの過程で、多様な人材の発掘と連携がすすみ、同時に組織変革が起こっていたことも確かなことです。

**児童・生徒の安全・健康と、教職員の安全・健康**

学校現場では、学校保健安全法はよく周知されていますが、労働安全衛生法の周知は必ずしも十分ではありません。

一口でいってしまえば、前者は児童・生徒の健康および安全

の確保を図るための法律であり、後者は教職員の健康および安全の確保を図るためのものです。しかし、実態からいえば、学校管理者や教職員の多くは児童・生徒の健康・安全の確保に関心はあっても、教職員自身の健康・安全にはあまり関心がないことの方が普通です。このあたりの学校現場の事情は、各地のヒアリングで異口同音に語られました。

　教職員が日々健康で、気力は充実、体調は良好であってこそ、成長のまっただなかにある児童・生徒たちと向きあった交流が可能になるといっても過言ではありません。その点、教職員の健康確保こそが、児童・生徒の学力、体力・気力、社会力の育成と健康・安全の確保に直結する関係が重要です。このことが教職員の安全衛生を重視する私たちの立ち位置です。

　こうした「児童・生徒の安全・健康」と「教職員の安全・健康」との関係、とりわけ教職員自身の安全・健康についての関心が全国規模で広がりはじめていることは、たとえば、兵庫のケースや川崎などのケースを含め、すべての県市においてくり返し語られていることをみることができます。

　インタビューにみられるような教職員の労安に関するとりくみの好事例を水平展開することによって、燎原の火とはいえないまでも、ステップ・バイ・ステップで着実に広がることが期待されます。

**【小休止１】健康と安全**

　健康は積分的、安全は微分的といわれます。

　生活習慣病が典型です。長時間労働などによって私たちの生活習慣、つまり、食べること、運動すること、寝ることが不十分な状態で積み重なると中高年になったときの健康状態に影響を与えます。まさに、われわれの人生の積分値として、健康があるといっても過言ではありません。たばこを一服したからといって、その次の日に肺がんになるわけではありません。しかし、その一服によって肺がんにつながるリスクが高まることは事実です。

　一方、安全について。たとえば自動車事故ですが、事故が起きる直前まで、または事故が起こってしまっても、事故がなぜ起きたのか、納得できないことはよくあります。その点、事故は微分的で、瞬間的なものです。

　健康と安全のこうした特性を理解して、健康診断結果や公務災害の分析と対策を考えてみることも役立つかも知れません。

**法規準拠の安全衛生から自主対応の安全衛生の時代へ**

　20世紀の後半から21世紀の入口にかけて、安全衛生のとりくみ方に大きな変化が生じました。

　日本の労働安全衛生法の誕生は、1972年。その時代、戦後

の高度経済成長に支えられ、産業現場での生産活動は活気に満ちていました。

この日本の高度経済成長の時代は、残念なことに重大な労働災害が文字通り多発し、年間の労働災害による死亡者数は1960年代には毎年6500人にも達していました。

こうした時代状況を背景に労働安全衛生法が生まれました。特徴を一口でいえば、「法規準拠型」と呼べるものです。法律本文の規定を受けて、それに連なる大部の規則で、安全基準、衛生基準をきめ細かに規定し、その規定を守るように義務付けました。

罰則規定をもった法律の効果はてきめんにあらわれました。1970年の初頭年間6000人強であった死亡者数は、労働安全衛生法施行のあと、約10年間で3000人を割るに至りました。

ところが、そこから先、目に見えて労働災害の減少ペースが鈍っています。一つは産業構造が大きく変化したことと、現場の安全衛生水準が大企業を中心に法律の基準を超えてしまったために、法律の基準を守るだけでは、労働災害の防止につながりにくくなっています。

前者の例でいえば、建設現場の安全衛生と、教職員つまり学校の安全衛生を1本の法律で対応しようとすることには、当然無理があります。

安全衛生のとりくみの枠組みに、20世紀後半くらいから大きな変化が生じています。法律の最低基準を順守することは当

然としても、法律さえ守れば「よし」とするのではなく、労働者の安全と健康に配慮することは事業者の責任であることを自覚し、マネジメントによって働きやすい勤務環境や職場を確保しようという流れが国際的にも明確になってきました。

こうした安全衛生のとりくみを「法規準拠型アプローチ」に対して「自主対応型アプローチ」と称しています。

**長時間労働はなぜなくならないか、減らすために必要なものは何か―現状分析の必要性**

さて、教職員の長時間労働がなぜなくならないのでしょうか。教職員として全身全霊教育活動にとりくみたい、きっとそんな思いが強いからでしょう。寝食も忘れて働く教職員に、「あなたの働き方は労働基準法に抵触しているから止めなさい」といっても、さほどインパクトのある警告にはならないでしょう。社会の大きな流れは、法規順守の安全衛生から自主対応の安全衛生へと変わってきているものの、学校現場の安全衛生体制は、法令が順守されていない場合も多く残っているかもしれません。

しかし、寝食を忘れてまでも頑張れば、そう遠からずに自身の心身や生活の状態、そして本来一番没頭したいはずの教育活動にまでいろいろな影響がでることは半ば必至のことです。

少なくとも過労に落ち込むほどに頑張る教職員の思いを支えながら、具体的な勤務環境改善のための多様なメニューを提示することが重要です。

そのメニューは最小限、第一に、働き方と休み方のバランスをよくすることです。教職員の働き方に注力すると、すぐに「長時間労働」に目くじらがたちますが、「人」としての教職員を考えると、働き方と同等に、休み方を重視することが必要です。
　インタビューによりますと、長時間労働を減らすとりくみは、地域差が大きいことが特徴ですが、それでも、5県市に共通するとりくみと、それぞれの県市ごとに個別性の強いとりくみのあることを見てとれます。
　教職員の長時間労働を縮減する共通する対策は、ノー残業デーの設定と実践です。これは教育現場の固有のとりくみというよりは、いまや残業時間の削減のために行政機関が旗ふり役となっていることは周知の通りです。
　インタビューでは、兵庫県のとりくみが傑出していました。「09年3月に『教職員の勤務時間適正化対策プラン』が策定されました。この対策プランでは、超過勤務時間を20〜30％削減することを数値目標に掲げ、①放課後の会議を設定しない『ノー会議デー』を週1日は設定する。②部活動を行なわない『ノー部活デー』を週1日は設定する。また、休業日について最低月2回は部活を行なわない日を設定する。③毎週1日『ノー残業デー』を設定する」としています。
　長崎市は少し違った視点からの報告がありました。以下はある小学校の校長の発言です。「管理職が定時退庁日に早く帰りましょうといっても、じゃあ、いつ仕事をするの？　と職員か

らも意見があります。そのとき、職員からこの日は帰りましょうっていわれたらぼくらもありがたいです。おたがい助かるなと思っています。去年から定時退庁日ではなく、残業NGデーと名称を変えました。その結果、みなさん定時に帰ることに意識が向くようになりました」。

　その一方、超過勤務を縮減し、できるかぎり定時退庁を可能とするために、それぞれの県市でそれぞれのとりくみが多数みられます。一口でいえば「業務改善」ですが、それを実効性のあるものとするための方法は千差万別、個別性の強いことが特徴でした。これらのとりくみについては冊子本文に多数紹介されています。ここでは鹿屋市のケースを再現します。

　1つは、小学校長と職員（組合役員）との協力のもとに行事の精選・統合を実現させることによって、超勤の縮減にとりくみました。そのきっかけとして、文科省、県教委から労働安全衛生に関する通知、教職員の勤務時間管理体制の通知文などがあり、そこには「校長自らが主体的に業務改善に務めなさい」と書かれていたようです。校長の琴線にこの通知文が触れるのです。

　このように業務改善の機運が高まるなかで、13年9月から勤務記録カードの導入が鹿児島県でもはじまります。この記録カード導入を契機に超勤縮減をはじめ労安活動のとりくみが一層すすんだ関係に関心をもちました。

　この勤務記録カードの集計結果をもとに、時間を減らすため

の具体的な対策を協議し、実行へ移していきました。以下、一例です。

会議資料をファイル化することで、以降、不用なプリントは作らないようにしました。また、職員朝会の説明を一言ですませる、会議の始まりや終わりの時間を守るといったことです。日々の工夫や改善の小さな積み重ねによって、超勤縮減といった大きな変化を生み出す方向へ歩みはじめます。長崎県教委による「プラス１」推進運動も同じ趣旨のとりくみといえるでしょう。

現場において小さなとりくみが定着するなかで、業務削減は学校だけでなく市教委が主催する行事などの削減も不可欠との認識から、組合は教職員を対象に職場実態アンケート調査をくり返し実施します。このアンケートに盛り込まれた声をバネに、市教委と協議を重ね、行事の精選が行われました。光彩を放っていた行事もやがて役割を終えますが、その棚卸しをすることなく、漫然とくり返されることはよくあることです。その結果、現場が行事消化に振りまわされることになります。鹿屋市の場合、学力向上支援事業、年度始めの教科部会全体会、カヌー大会、スクールゾーン連絡会などを廃止、さらに、小中高連携推進事業、英語教育研、交通安全担当者会、AED講習会、水難事故防止対策等連絡会などを見直し、整理統合することによって、徐々にではあっても、教職員の多忙化は解消の方向にすすみます。

> **【小休止２】実態調査**
>
> 　５県市のヒアリングで共通していたことの一つは、それぞれの安全衛生のとりくみのプロセスで、必ず「実態調査」が挿入されていたことです。この実態調査の結果が、安全衛生活動を組織的にはじめるきっかけとなったケースもあれば、活動成果の確認、評価となって、次のアクション・プログラムづくりへつなげたケースなど多様です。
>
> 　多忙感解消のとりくみは、経験と勘で議論しないで、実態調査にもとづく客観的なデータをベースとした議論を積み重ねることで多くの関係者の共感・共鳴を引き出すことができます。

### 労安に必要な視点

　人らしく生きる。労安の視点は、この一言につきます。教職員という職業を選んだ皆さんの思いは、成長期にある児童・生徒に人らしく生きることを教え、ともに学ぶことにあるでしょう。

　児童・生徒たちのもつパワーとエネルギーは大変なものです。その児童・生徒に毎日立ち向かうためには、まず、教職員の気力が日々みなぎり、健康で安全でなければ、教育活動に携わることはむずかしくなります。

　そのために教職員の勤務環境の改善を図ることが、労安の視

点をクリアするために最小限必要なことと考えます。教職員の勤務環境改善の切口には、次の4項目が重要です。第1は、働き方、休み方の改善、第2は、教職員の健康支援とりわけ過労対策とストレス対策が重要です。第3は、働きやすさの確保、そして第4は、働きがいの向上です。教育現場の現状をみるチェック項目として活用したらどうでしょう。

話題を少し変えましょう。ここで教育現場における労安の活動を効果的なものにしていくために、労安の運営方法を考えてみたいと思います。アジアの中小企業向けに1980年代の後半くらいからILOが提唱し、実践してきたものです。

### WISE運営の6原則に学ぶ

ワイズ(WISE)とは、"Work Improvement in Small Enterprises"の略称で、ILOが中小企業向けに開発し実践してきた安全衛生・労働条件改善参加型トレーニング方式です。ワイズは現場に即した問題解決型のトレーニングプログラムとしてアジアの多くの中小企業に広がっています。日本でもその改善指向の実践的なとりくみとその具体的な成果が評価されて、さまざまな職場で応用・実践されています。

このワイズ方式参加型トレーニングの優れたところは、次の6つの原則の上にたって運営されることです。法律を守らないと罰せられるから安全衛生にとりくむという発想はありません。ここには低コスト改善などを地元や現場の自助努力ですすめる姿勢が示されていることが見てとれます。典型的な自主対

応型のアプローチによる運営方法といえます。

①地元の慣行の上につくる

②改善実績に焦点をあてる

③労働条件と他の経営目標を結び合わせる

ILOの試算では、労働災害・職業病による経済的損失は世界のGDPの4％に相当するといわれています。安全衛生の改善を実施し、職場から労働災害・職業病を発生させる可能性のあるリスクを減らすことは、その企業の競争力を高めます。多忙な経営者が実際に改善努力を行動に移すのを支援するために、安全衛生改善が生産改善につながることを強調します。

④実行して学ぶ

⑤他の職場との経験を交流する

⑥労働者の参加を促進する

これらのことは、ILOが主にアジアの中小企業における安全衛生の活性化のために実践的な方法論を提案したものです。これを日本の教育現場の安全衛生の活性化に置き換えることで、新たな気づきや労安の運営に役立つことが期待されます。

そして、このワイズ方式の考え方をとりいれた実践的な手法に、職場ドックがあります。

【小休止3】職場ドック

メンタルヘルスに役立つ「職場ドック」の手法に注目が集まっています。

職場ドックは人間ドックをもじった造語で、個人ではなく、組織（集団）としてのメンタルチェックを実施します。
職場ドックは、ストレスが少なく、働きやすい職場づくりをめざした労働者参加型の職場環境改善なので、学校現場の安全衛生活動とりわけメンタルヘルス不調予防に有効な手法です。

**多忙化とメンタルヘルス**

教職員の世界では、メンタルヘルスが深刻です。

疲れがとれない、仕事をてきぱきとこなせない、いつもイライラしている、疲れているのに頭が冴えて眠れない。こんな状態がつづくようなら、その人のメンタルには黄信号が灯っています。

教職員は「忙しい」が口癖です。では、教職員はなぜ忙しいのでしょう。もちろん、十分な定員を配置することなく、次から次へ新しい政策が学校に求められていることもあります。と同時に教職員の業務の特徴もあります。教職員の業務に決まりはありません。ここまでやれば十分ということはないですし、やろうと思えば、いくらでもすることはあります。一方、手を抜こうとすれば、できないことはないかも知れません。問題は、頑張っているうちに、その状態を普通のこと（標準）と見誤ることです。第三者からみれば、業務の節目を見いだせなくなったり、あるいは業務遂行のメリハリが弱まり、惰性で日々

を送っていないか懸念されます。

　初心回帰。教職員になって何をやりたかったのでしょう。それを阻害しているものは何でしょう。無心で考え、多忙の原因となっているとりくみの一つを中止してみたらどうでしょう。

　メンタルヘルス対策を考えるとき、一次予防、二次予防、三次予防ということをよくいいます。一次予防とは、教職員がメンタル不調にならないように、働き方・休み方を変革することをいいます。たとえば、がんにならないように煙草をやめるとか、生活習慣病にならないように、食事の内容を改善することなども一次予防です。しかし、ここでは働き方に関する一次予防策を重視します。過大な残業を削減するとか、年休を確実にとるとか、1年に1、2回は長期休暇をとるなど、教職員のワークスタイルをかえ、労働時間を短縮することは、有力な一次予防策とみることができます。

　二次予防とは、病気の早期発見、早期治療によって病気の芽をつみとることをいいます。健康診断の価値は、ここにあります。

　三次予防とは、病気にかかって休職状態にある労働者の職場復帰のプログラムをつくり、支援のとりくみによって職場復帰を促進することです。

　なお、ここで記した「病気」を「メンタルヘルス」に置き換えれば、メンタルヘルス対策の一次、二次、三次予防となります。

　川崎市の「健康推進室」のとりくみは、教職員のメンタルへ

ルスの状態を見極めながら一次、二次、三次予防を使い分けることによって、うまく機能している好事例として読みとることができます。もちろん、国内すべての市町村において川崎モデルが適用できるとは思えませんが、産業医といった専門職が、人事・労務の世界から独立して、じっくりと時間をかけながら教職員の話を聞きつつ、治療や職場復帰の方針を確認していく手法は、多くの県市に水平展開する価値があります。ぜひ、おすすめしたいです。

> **【小休止4】産業医と学校医**
>
> 　学校または教育委員会には、役割の異なる医師が選任されなくてはなりません。産業医と学校医です。読んで字のごとく、産業医は教育現場で働く教職員の健康管理が主業務で、学校医は児童・生徒の健康管理にあたります。根拠法も異なりますし、機能・役割は明らかにちがいます。
>
> 　しかし、学校（教委）が2人の医師を雇用することは費用負担の面からみても大変なこともあって、産業医の選任は、まだ100％に達していません。川崎市のように本来的な役割を発揮している産業医は少数派だと思います。「医師」であるということで、学校医が産業医として選任されていたり、非常勤のために、「名ばかり」の産業医も存在するようです。今後の課題です。

**行政とどうかかわるか、そして組合の役割は**

　学校現場の労安の活動をいかに活性化し、教職員の安全と健康を確保しながら、日々の教育活動に専念できる環境と体制をいかにつくってきたのか。その成果と課題を探りたい。今回のヒアリングのテーマの一つでした。

　学校現場の労安のとりくみは、製造工場や建築現場の労安とは相当に性格が異なると思います。第1は、教育現場での働きかけの対象はいうまでもなく児童・生徒、つまり人であって、工場のような機械装置、つまり物ではありません。労安の対象が異なります。第2は、教育現場は行政の一環として機能するために、労安の組織や実践は民間とは異なり、やや複雑です。民間の場合、現場の労安は、使用者と労働者、あるいは事業者と労働組合の協議で推進可能ですが、教育現場は市教委、学校長、教職員の関係が民間ほど単純ではありません。もう一歩踏み込むと、県費負担の小中学校教職の雇用者（任命権者）は都道府県教育委員会、服務監督者は市町村教育委員会、日々の管理当事者は学校長です。さらに、同一学校内に県費による雇用者と市費による雇用者が混在することも、指揮命令の関係を複雑にしています。

　以上のようにみると、教育現場では労安を動かす仕組みがいっそう重要になります。この点、インタビューによれば、まさに5者5様です。労組の存在を軸に考慮すれば、教職員が毎日勤務する学校現場が最も基盤になることはいうまでもありま

せん。鹿屋の例や、長崎の例を見てください。学校長と教職員（その代表としての労組）の円滑な意思疎通と相互理解が重要であることがよくわかります。

　また、現場がよくなる仕組みを考えると、労組と教委の連携を外すことはできません。労組と教委の交渉や協議での合意事項は当然、学校長へ伝達されますが、鹿屋の場合、その伝達事項を確実に実践するために、改めて学校長と労組（教職員）との話し合いがもたれます。こうしたルートの確立は、労安の仕組みづくりに貢献していることが注目されます。そのほか、北上では、教職員安全衛生管理規程の作成や、市全体の小中学校を１つの事業所と見なした市衛生委員会の組織化に、労組と教委の話し合いが役立っているようです。また、兵庫県では、県教委が旗振り役として超勤多忙化解消のとりくみを推進しています。その契機となったのは07年秋のことでした。その年、兵庫県は「新行政改革プラン」による給与独自カット提案を組合に行い、交渉がはじまりました。

　兵教組のユニークさというか、したたかさは、「給与の５％引き下げをするならば、勤務時間の５％引き下げをすべき」と教委に対して逆提案し、交渉をすすめたことです。そこで、08年度に勤務時間適正化委員会（多忙感解消、超勤縮減、業務改善などのネーミングではなく、長時間労働が当たり前となっている「不適正な」勤務実態を「適正化」することをねらった意図を見てとれます）が設置されることになりました。以来、教委

が超勤多忙化解消の旗振り役になっています。

　現場、学校長、教委の関係以外に、議会が労安の仕組みづくりや、メンタルヘルスのとりくみに重要な役割を果たしたケースも、鹿屋や北上のインタビューで明らかになりました。

**産業安全保健専門職の役割と実践**

　学校現場の労安を推進する上で、産業医や衛生管理者（小規模校では衛生推進者）の期待は大きいものと思われます。

　もちろん、医師である産業医の役割はとても大きなものがあります。しかし、産業医はスタッフであって、役割としては支援者です。では、労働者の健康と安全を確保する責任者は誰でしょう。それは「事業者」です。学校現場に即していえば、学校長であり、また教育委員会のトップである教育長です。

　労働安全衛生法にもとづく労安推進のキモは、「事業者責任」ということです。学校現場のトップ（学校長や教育長）には、学校で働く教職員に対する「安全配慮義務」と「健康配慮義務」があります。万が一、教職員に過大な残業が常態化したために、慢性的な過労が引き金になって重大な心疾患や脳疾患（つまり過労死など）が発症したと認定されると、事業者は健康配慮義務を問われかねない状況にあります。

　くり返しになりますが、現場の安全衛生は企業のトップ、あるいはトップの意を受けたライン（主管部門）責任者と、現場で働く労働者の参加によって推進するもので、安全管理者、衛生

管理者、さらに産業医などの産業安全衛生専門職はあくまでもスタッフ部門において、ラインの管理をサポートする役割です。

> **【小休止5】事業者の健康配慮義務**
>
> 労働契約法第5条は、「使用者は、労働契約に伴い、労働者がその生命、身体等の安全を確保しつつ労働することができるよう、必要な配慮をするものとする」と、使用者の労働者に対する安全配慮義務（健康配慮義務）を明文化しています。
>
> 危険作業や有害物質への対策はもちろんですが、メンタルヘルス対策も使用者の安全配慮義務に当然含まれると解釈されています。以上は、東京都労働相談情報センターのホームページから引用しました。

### 労働安全衛生マネジメントシステムの導入

労働安全衛生マネジメントシステムの導入によって労安を推進しようとする民間の動きは活発です。このマネジメントシステムの運用にあたってはトップのコミットメントと現場で働くすべての人たちの参加がポイントです。

昨年（2014年）、医師や看護師の働き方改革の促進のために、医療法の改正によって病院内に勤務環境改善マネジメントシステムを立ち上げることと、都道府県にこの院内のマネジメントシステムの運営をサポートする支援センターの設立がすすめら

れています。成果はこれからですが、これまでの労働時間の短縮の推進法とは異なる仕組みの提案であり、こうした自主対応によるとりくみの成果が期待されています。

　医療分野の勤務環境改善マネジメントシステムの導入に当たっては、方針表明から始まり評価・改善にいたる７ステップで展開することを推奨されています。

**マネジメント導入準備**
ステップ１　方針表明：とりくみの方針を周知しとりくみをスタートします
ステップ２　体制整備：多職種による継続的な体制をつくります

**計画（PLAN）**
ステップ３　現状分析：客観的な分析により課題を明確化します
ステップ４　目標設定：ミッション・ビジョンと現状から目標を設定します
ステップ５　計画策定：目標達成のための実施事項を決めます

**実行（DO）**
ステップ６　とりくみの実施：１つ１つ着実で継続的な実践を行ないます

**評価・改善（CHECK & ACT）**
ステップ７　評価・改善：成果を測定し、次のサイクルにつなげます

　この７ステップのPDCAサイクルにおいてはステップ３の現状分析とステップ４の目標策定、さらにステップ５の計画策

定を重視しています。現状分析は、まさに教育現場の実態調査に該当します。教育現場ではこの実態調査のデータが労安活動強化のきっかけとなったり、とりくみ成果の確認・評価に活用されていることは、すでに見てきました。実態調査も含め労安のPDCAサイクルを回す仕組みとして実践するのがマネジメントシステムです。

ステップ３の現状分析をはじめステップ４、５に見合ったツールも提案されています。教育現場の労安を体系的にすすめる次の課題として参考になれば幸いです。

### 時短が実現して何が変わったか

学校現場の時短が着実にすすみはじめている地域もあることがわかりましたが、まだ道半ばの印象です。たとえば、ノー部活デーの設定によって、中学の教員はワーク・ライフ・バランスをとり戻したり、からだの復調など、数々のメリットが実感できることをインタビューで語っています。

しかし、時短がすすめば、同じ分量の業務を達成させるためにはどうしても労働密度の向上を見込まなければなりません。しかも、業務量も多すぎるのです。この状態では多忙感が解消される保証はありません。ましてや、時短という果実だけで、教職員のメンタルヘルスの回復がすすむとはいえないでしょう。もちろん時短がすすむことはメンタルヘルスが回復する重要な条件であることにかわりありませんが、この時短を含めた

包括的な対策が必要なことは明らかです。
　教育現場の底流では小さな地殻変動が起こっていることはすでに見てきました。今のところ、この地殻変動は地域限定ですが、こうした動きが横につながりながら、全体として高みへ向かっていくことが期待されます。そのための出会いにこの小さな冊子が役立つことを願ってやみません。

# 学校における労働安全衛生管理体制の整備のために（改訂版）

～教職員が教育活動に専念できる適切な職場に向けて～

平成27年7月

 文部科学省

文部科学省は、15年7月に「学校における労働安全衛生管理体制の整備のために（改訂版）」を発刊し、各教委に情報提供しました。ここに書いてあるような体制整備をすることは事業者である教委として最低限の責務です。

## 学校においても「労働安全衛生法」に基づき労働安全衛生管理体制の整備が求められています!

学校における労働安全衛生管理体制の整備  教職員が教育活動に専念できる適切な労働環境の確保  学校教育全体の質の向上

## 1. 学校において求められる労働安全衛生管理体制

**教職員50人以上の学校**
- 学校の設置者
  - 衛生委員会
  - 産業医 ※1
- 衛生管理者

**教職員10〜49人の学校**
- 学校の設置者
- 衛生推進者

### (1) 教職員50人以上の学校で選任・設置を要するもの

**衛生管理者:衛生に係る技術的事項を管理する者**
(衛生管理者免許取得者、「保健体育」の中学・高校教諭、養護教諭等から選任)

- 少なくとも週1回学校を巡回し、空調設備などの施設・設備、温度・採光などの環境衛生、教職員の勤務実態等を点検し、問題があるときは所要の措置を講ずる。
- 上記の措置等について、月1回の衛生委員会で報告する。
- 健康診断等の結果を踏まえ、心身両面にわたる健康指導を実施するなど、教職員の健康管理を行う。
- 問題等が発生した場合は、産業医等との意見交換を行う。

資料:学校における労働安全衛生管理体制の整備のために(改訂版)

### 産業医：教職員の健康管理等を行う者
（厚生労働大臣が定める研修を修了した者等から選任）

・健康診断等を通じて、教職員の健康管理を行うとともに、少なくとも月1回学校を巡回し、教職員の勤務実態、学校の衛生状態等の点検を行い、問題があるときは、所要の措置を講ずる。

※1 全ての学校に必置となっている学校医に加えて、選任が必要。
（学校医と産業医を兼任することも可能であるが、厚生労働大臣が定める研修を修了する等の条件がある。）

### 衛生委員会：衛生に関する重要事項について調査審議する機関
（校長、衛生管理者、産業医等で構成）

・以下の事項等について調査審議を行う。
  ①勤務中の事故等に関する原因調査・防止対策と勤務環境管理
  ②健康診断等の結果に基づいた教職員の健康管理
  ③教職員に対する安全衛生教育についての計画の策定
  ④長時間にわたる労働による教職員の健康障害の防止対策

## （2）教職員10～49人の学校で選任を要するもの

### 衛生推進者：衛生に係る業務を担当する者
（業務を担当するため必要な能力を有すると認められる者から選任）

・学校を巡回し、空調設備などの施設・設備、温度・採光などの環境衛生、教職員の勤務実態等を点検し、問題があるときは、所要の措置を講ずる。

## （3）ストレスチェック制度の創設

**平成27年12月1日より、ストレスチェックが義務付けられます！**

・医師等による教職員の心理的な負担の程度を把握するための検査（ストレスチェック）を年に1度実施することを学校の設置者に義務付ける。
（教職員数50人未満の学校では当分の間努力義務）
・ストレスチェックの結果、高ストレスであり医師による面接指導が必要と判断された教職員から申出があった場合には、学校の設置者は、医師による面接指導を実施しなければならない。
・その結果、学校の設置者は医師の意見を聴いた上で、必要な場合には、作業の転換、労働時間の短縮等適切な就業上の措置を講じなければならない。
※2 学校においては、産業医・学校医を活用することが効率的。

### (4) 学校における面接指導体制の整備

・すべての学校において、医師による面接指導を実施することができる体制を整備することが求められている。
・以下の2つの場合、教職員の申出を受けて、遅滞なく医師による面接指導を行う必要がある
　①週40時間を超える労働が月100時間を超え、かつ、疲労の蓄積が認められる場合
　②ストレスチェックの結果、高ストレスであり医師による面接指導が必要と判断された場合
・上記に該当しない教職員でも、健康への配慮が必要な者については面接指導等を行うよう努める必要がある。

## 2. 学校における労働安全衛生管理体制の改善方策

| 体制整備が進まない主な要因 | 改善方策の例 | (既存の人材・組織の有効活用例) |
|---|---|---|
| 関係法令等の認識不足 | 現場の意識改革 | **衛生管理者**<br>既に資格を有している者（保健体育教諭、養護教諭等）を活用することにより、速やかな体制の整備が可能（※3） |
| 有資格者の不在 | 教育委員会や管理職のリーダーシップ | **衛生推進者**<br>既に資格を有している者（保健体育教諭、養護教諭等）を活用することにより、速やかな体制の整備が可能（※3） |
| | | **産業医**<br>学校医と産業医では職務内容が重複する部分もあるため、学校医の中から選任することにより、比較的簡単に体制の整備が可能（※3） |
| 財政的な事情 | 既存の人材・組織の有効活用 | **衛生委員会**<br>必要な委員を確保した上で、学校保健委員会等の既存の委員会と併用をすることにより、比較的簡単に体制の整備が可能 |

※3 このことは、衛生管理者等を特定の職種の職員に限定するものではありません。

---

労働安全衛生管理の推進のためには体制整備後の実践も重要
職場全体で協力し、適切な労働環境の確保を！

資料：学校における労働安全衛生管理体制の整備のために（改訂版）

## 3. 公立学校における労働安全衛生管理体制の整備状況

※ 平成26年5月1日現在（文部科学省調べ）

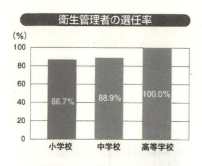

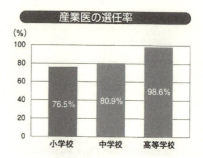

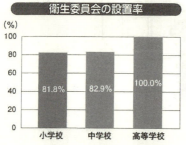

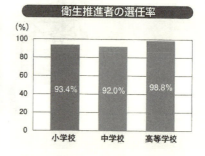

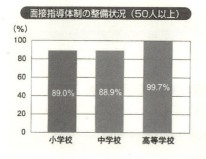

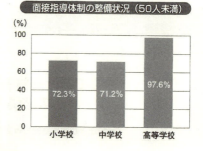

> 特に小学校・中学校における整備率が低い水準
> 市町村教育委員会をはじめとして早急な対応が必要！

## 学校における労働安全衛生管理体制
## の整備のために

〜教職員が教育活動に専念できる適切な職場に向けて〜

**(連絡先) 文部科学省 スポーツ・青少年局 学校健康教育課**

住所 〒100-8959　東京都千代田区霞が関 3-2-2
電話　03-5253-4111 (内線 4950)

労働安全衛生活動の先進事例編集委員会

**連絡先＝**公益財団法人　労働科学研究所
〒216-8501
神奈川県川崎市宮前区菅生2-8-14
電話 044-977-2121　FAX 044-977-7504

## 超勤・多忙化解消につながる労安活動のポイント
５つのケース・スタディーから学ぶ

2015年 8月31日　初版第1刷発行　2015Printed in Japan
2015年12月10日　初版第2刷発行

| | |
|---|---|
| 編　　著 | 労働安全衛生活動の先進事例編集委員会 |
| 表紙・扉装丁 | 桂川潤 |
| 組　　版 | 菅原政美 |
| 発 行 者 | 小西清一 |
| 発 行 所 | （株）アドバンテージサーバー |
| | 〒101-0003　東京都千代田区一ツ橋2-6-2 日本教育会館 |
| | TEL 03-5210-9171　FAX 03-5210-9173 |
| | 郵便振替　00170-0-604387 |
| | URL http://www.adosava.co.jp/ |
| 印刷・製本 | モリモト印刷 |

ISBN978-4-86446-032-3